U0453344

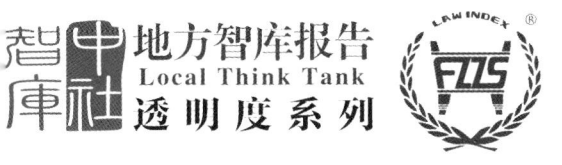

全面推进政务公开的越秀实践

主 编 田 禾 吕艳滨

中国社会科学出版社

图书在版编目(CIP)数据

全面推进政务公开的越秀实践/田禾,吕艳滨主编.—北京:中国社会科学出版社,2020.9

(地方智库报告)

ISBN 978-7-5203-7063-9

Ⅰ.①全… Ⅱ.①田…②吕… Ⅲ.①地方政府—行政管理—研究—越秀区 Ⅳ.①D625.654

中国版本图书馆 CIP 数据核字(2020)第 161796 号

出 版 人	赵剑英
责任编辑	马 明
责任校对	任晓晓
责任印制	王 超

出 版	中国社会科学出版社
社 址	北京鼓楼西大街甲 158 号
邮 编	100720
网 址	http://www.csspw.cn
发 行 部	010-84083685
门 市 部	010-84029450
经 销	新华书店及其他书店
印 刷	北京君升印刷有限公司
装 订	廊坊市广阳区广增装订厂
版 次	2020 年 9 月第 1 版
印 次	2020 年 9 月第 1 次印刷
开 本	787×1092 1/16
印 张	8.5
插 页	2
字 数	136 千字
定 价	49.00 元

凡购买中国社会科学出版社图书,如有质量问题请与本社营销中心联系调换
电话:010-84083683
版权所有 侵权必究

编委会

主编：

田　禾　吕艳滨

成员：（按照姓氏汉字笔画排序）

王小梅　王祎茗　刘雁鹏　胡昌明　栗燕杰

学术助理：（按照姓氏汉字笔画排序）

车文博　冯迎迎　米晓敏　洪　梅

撰稿人：（按照姓氏汉字笔画排序）

马红民	马甜莉	王小梅	王祎茗	车文博
王万秀	王玉亮	方雄杰	田　禾	代玲玲
冯迎迎	吕艳滨	刘雁鹏	江　英	刘纪耀
刘荣武	刘少贞	刘思敏	刘咏梅	刘思铭
米晓敏	孙爱杰	伍满坤	许剑辉	危淑玲
吴明超	李星星	陈楚书	陈卫华	陈钊娴
李　玲	李松凌	吴俊杰	肖茂聪	张华纯
陈英海	杨　雪	邹文峰	何　斌	周云静
胡昌明	洪　梅	柯尔婷	姜　琼	栗燕杰
袁中蕾	黄　锷	黄哲晖	蓝晓华	谭倩雯
谭智伟	翟晓雪	蔡　茵		

摘要： 在全面推进政务公开过程中，被誉为"广府文化源地、千年商都核心和公共服务中心"的广州市越秀区，在实践中探索，在探索中创新，不断拓展和深化政务公开广度、深度，政务公开工作取得了一定的成效。本书全面总结分析了越秀区政务公开工作取得的进展，并围绕政务服务、义务教育、食品安全、信用监管、生态环境保护、应急管理、规划和自然资源、新媒体运营等领域以及北京街、六榕街的政务公开实践，分析了基层政务公开的现状和面临的问题。围绕基层实践，本书着重探讨了推进基层政务公开标准化、规范化过程中的共性问题，以期为全面推进政务公开、深化全面依法治国提供富有前瞻性、实践性和创新性的方向指引和经验借鉴。

Abstract: Yuexiu District of Guangzhou City is known as "the origin of the Cantonese Culture and the core and public service center of the thousand-year-old city of commerce". In the process of advancing the open government work, the Government of Yuexiu District has carried out explorations in practice, made innovations in exploration, and continuously expanded the breadth and depth of and achieved some results in the openness of government affairs. This book comprehensively summarizes the progresses made by the Government of Yuexiu District in the open government work and analyzes the current situation of and the existing problems in the openness of grassroots government affairs in the district from such perspectives as government service, compulsory education, food safety, credit regulation, ecological and environmental protection, emergency management, planning and natural resources, the operation of new media, and the open government practices of Beijing Street and Liurong Street. Based on the practice of Yuexiu District, the book explores some general issues in the standardization and normalization of the openness of grassroots government affairs, with a view to contributing some forward-looking, practical and innovative guidance and experiences to the advancement of openness of government affairs and law-based governance in China.

目 录

Ⅰ 总报告

越秀区全面推进政务公开的成效与展望
　　……… 中国社会科学院法学研究所法治指数创新工程项目组（3）

Ⅱ 专题报告

以政务公开促政务服务优化提升
　　………………… 广州市越秀区政务服务数据管理局（29）
越秀区信用信息公开的探索与实践
　　………………………… 广州市越秀区发展和改革局（40）
越秀区义务教育政府信息公开工作调研报告
　　……………………………………… 广州市越秀区教育局（50）
借力政务公开、构建食品安全共治共享新格局
　　………………………… 广州市越秀区市场监督管理局（59）
越秀区生态环境保护信息公开调研报告
　　………………………… 广州市生态环境局越秀区分局（66）
越秀区应急管理领域信息公开实践
　　……………………………… 广州市越秀区应急管理局（76）
越秀区规划和自然资源领域依申请公开政府信息的办理实践
　　………………… 广州市规划和自然资源局越秀区分局（84）
"广州越秀发布"政务微信运营调研报告
　　……………………………… 广州市越秀区融媒体中心（92）

北京街社区服务与公开实践
　　……………… 广州市越秀区人民政府北京街道办事处（101）
六榕街政务公开实践经验
　　……………… 广州市越秀区人民政府六榕街道办事处（113）

参考文献 …………………………………………………（122）

后　记 ……………………………………………………（126）

Ⅰ 总报告

越秀区全面推进政务公开的成效与展望

中国社会科学院法学研究所法治指数创新工程项目组[*]

摘　要：在全面推进政务公开过程中，被誉为"广府文化源地、千年商都核心和公共服务中心"的广州市越秀区，在实践中探索，在探索中创新，不断拓展和深化政务公开广度、深度，政务公开工作取得了一定成效。本文通过数据分析、案例分析、比较研究等方法，对越秀区政务公开现状与成效进行了深入分析，对全面推进政务公开的越秀实践与地方特色经验进行了梳理总结，以越秀区为样本，探索解决推进基层政务公开标准化规范化过程中的共性问题，可以为全面推进政务公开、深化全面依法治国提供富有前瞻性、实践性和创新性的方向指引和经验借鉴。

关键词：政务公开；透明越秀；政务服务；政策解读；营商环境

公开透明是法治政府的基本特征。全面推进政务公开，让权力在阳光下运行，对建设法治政府，提高政府工作的透明度，增强政府公信力和执行力，保障公民、法人和其他组织依法获取政府信息的权利，切实

---

[*] 项目组负责人：田禾，中国社会科学院国家法治指数研究中心主任，法学研究所研究员；吕艳滨，中国社会科学院法学研究所研究员、法治国情调研室主任。项目组成员：马甜莉、王万秀、王小梅、王祎茗、车文博、代玲玲、冯迎迎、刘雁鹏、米晓敏、吴俊杰、胡昌明、洪梅、栗燕杰（按姓氏笔画排序）。执笔人：吕艳滨、田禾。

增强公开实效,充分发挥政府信息对人民群众生产、生活和经济社会活动的服务作用具有重要意义。2019年5月15日,新修订的《中华人民共和国政府信息公开条例》正式实施,对政务公开工作提出了更高要求。

越秀区是广州市的中心城区,作为国家中心城市核心区,是全市行政资源、商业资源、历史文化资源、基础教育资源和医疗卫生资源最为集中的区域,被誉为"广府文化源地、千年商都核心和公共服务中心"。近年来,广州市越秀区认真贯彻落实党的十九大和十九届二中、三中、四中全会精神,以习近平新时代中国特色社会主义思想为指导,积极落实党中央、国务院关于全面推进政务公开工作的系列部署,以公开为常态、不公开为例外,围绕经济社会发展和人民群众关注关切,不断提升政务公开质量,加强政策解读、回应社会关切、完善公开平台、扩大公众参与、加强监督保障、增强公开实效,助推经济社会持续健康发展,助力建设人民满意的法治政府、创新政府、廉洁政府、服务型政府,使政务公开成为新时代全面深化改革、推进法治政府建设以及优化营商环境等方面的一张亮丽名片。

一 越秀区政务公开现状与成效

近年来,越秀区不断拓展和深化政务公开广度、深度,政务公开工作取得了一定成效。中国社会科学院法学研究所发布的《法治蓝皮书·中国法治发展报告》显示,越秀区连续多年政府透明度指数在全国县(市、区)级政府中名列前茅,2016年排名全国第八位[1],2019年排名全国第九位,被民政部评为全国首批社会工作服务标准化建设示范区[2],2018年被全国普法办公室评为"全国法治县(市、区)创建活动先进单位",并连续五年获得政府公共服务满意度全省第一名,连续

---

[1] 2017年、2018年两年的评估报告中,项目组重点关注了全国100个基层政务公开标准化规范化试点县,越秀区未在试点县区名单范围。
[2] 民政部宣传司:《民政部命名首批全国社会工作服务标准化建设示范地区、社区和单位》,《中国社会工作》2014年第1期。

两年荣获南都广州城市治理榜人类发展指数金奖。

（一）政务公开平台进一步完善

广州市越秀区高度重视公开平台建设，以政府门户网站为第一公开平台，融合官方微博、微信公众号、政务公告栏、各单位办事场所电子显示屏、电子触摸屏、街道公告栏等，形成多元融合发展的政务信息公开平台矩阵。

在政府门户网站建设方面，科学设置政务公开专栏，共开设了4级177个信息公开栏目，设置"政务五公开""政策解读""新闻发布会""会议公开""重大行政决策""规范性文件""重点领域信息公开""双随机一公开""建议和提案办理结果""行政复议""法治政府建设报告"等专题专栏，方便公众查询。对各栏目按照部门职能划分领域并分类设置，明确责任单位和更新时限要求。加强搜索功能建设，为群众提供更全面、更精准的综合信息检索服务，实现搜索即所得。2019年6月，越秀区政府门户网站在《南方都市报》主办的广州政府网站搜索功能测评中，以满分夺冠。

在传统媒体公开平台建设方面，越秀区积极对接新华社、中央电视台、人民日报社等中央媒体，推介各项工作探索和成效经验。2019年，央媒共刊（播）出涉越秀新闻495篇，如2019年11月，《人民日报》刊登《抓好"火车头" 搞活写字楼》重点关注越秀区用楼宇党建助推经济发展，把党的政治优势和组织优势转化为发展优势，持续激发老城区新活力。同时，作为区级政府，高度重视新闻发布会对新闻媒体的整合传播效果，以2019年为例，越秀区共举办"越秀区九项重点工作推进""北京路步行街改造提升"等8场新闻发布会，教育、科工信等部门主动召开各种形式的媒体吹风会、政策宣讲会，较好地发挥新闻媒体的信息公开平台作用。

在政务新媒体平台建设方面，越秀区成立区融媒体中心，积极整合区内媒体资源，将"广州越秀发布"政务微信、微博平台、学习强国平台、新花城、南方+、头条号、企鹅号、全区18条街道微社区e家通、越秀政务手机报、越秀信息网、南方全线通、人民日报数字阅报栏、区内彩铃等融媒体平台做好政策解读、知识普及、权威发布。以

"统一出口，精准投放、重点突破、多点开花"的推广思路，充分整合全区宣传思想文化成员单位联动推广，实现全区层面供稿、推广、使用，打造具有越秀城区特色的信息内容。利用学习强国高端高质平台，矩阵联动，立体传播。组织协调全区政务微博、微信集群、全区18条街道微社区e家通同频共振开展主题宣传，形成网上、网下共同发展的同心圆。截至目前，越秀区官方微平台上线以来累计订阅数约16万个，累计发布文章近十万篇，图文阅读量达近千万次。

在政府公报建设方面，2019年，启动越秀区人民政府网上公报，建立公报数据库，规范公报工作机制，形成一套规范有序、严谨高效的公报发布规程。截至2020年6月底，共发布5期区政府公报，刊登区政府规范性文件、区部门规范性文件、区政府政策性文件、人事任免文件等各类文件信息131条。

在公开主体建设方面，依托区政府集约化门户网站建设政务公开专题子站点，覆盖27个区级部门和18个街道办事处，每个公开主体开设独立的政府信息公开专题页面，集中展示各单位主动公开信息。同时积极加大各单位政务新媒体建设，实现政务微信平台"广州越秀发布"全新升级改版，信息时报"e家通"项目街道全覆盖。

（二）主动公开力度不断加大

主动公开范围越来越广。越秀区通过主动公开目录的编制和动态调整，不断引导各部门和街道加大信息公开力度，扩大信息公开范围，通过编制主动公开目录，并根据党中央、国务院对政务公开工作的新要求，以及公众关切的热点，不断细化公开内容、拓展公开范围。2019年底，越秀区通过《关于进一步提升政府信息公开工作的方案》，扩大了公开范围，强化了各单位领导责任，新增了"会议开放""法治政府建设年度报告"等多个专栏，优化栏目建设布局，进一步细化了各栏目建设标准、责任分解和考核机制。越秀区人民政府发布的信息公开年报显示，全区主动公开信息条目从2013年的10433条增加至2018年的38320条，信息发布数量增加了约2.67倍，同时各部门、街道信息发布数量也实现跨越式增长，越来越多的政府信息被纳入公开范围。

表1　　　　　　　越秀区政府信息主动公开数量统计①

年份	2013	2014	2015	2016	2017	2018
越秀区主动公开信息数量（条）	10433	10260	24438	38160	38499	38320

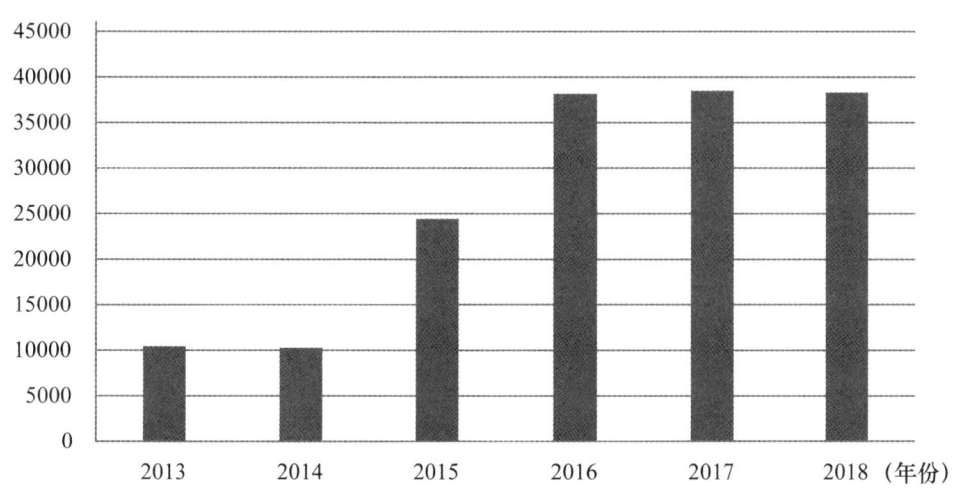

图1　2013—2018年越秀区主动公开信息数量（条）

重点领域信息公开向纵深推进。一是加强三大攻坚战信息公开。通过优化公开专栏，细化领域，及时依法公开企业融资、扶贫政策、扶贫资金、环境保护、垃圾分类等信息。二是深化"放管服"改革信息公开。定期更新减税降费、"证照分离"改革、工程建设项目审批制度改革、压缩企业开办时间、深入推进"大众创业，万众创新"等方面的信息公开。开设信用越秀专栏，公布越秀区辖区内各类主体守信失信数据、双公示信息。推行办事服务事项集成式、一站式公开，依托广东政务服务网、粤省事等办事服务平台，集成公开政务服务事项。三是强化重点民生领域信息公开。依托门户网站公开专栏，及时公开与民生息息相关的就业创业信息、中小学招生等义务教育信息、医疗卫生服务信

---

① 统计数据来自越秀区政府门户网站公开的历年信息公开工作年度报告。根据国务院办公厅2019年11月23日发布的《国务院办公厅政府信息与政务公开办公室关于政府信息公开工作年度报告有关事项的通知》文件的要求，越秀区2019年信息公开数据统计标准发生重大变化，统计数据不具有比较性，因此未纳入本文分析。

息、房屋征收补偿信息等。四是细化财政信息公开。依托财政资金专栏公开财政项目文本、绩效目标、地方政府债务等信息。

（三）依申请公开工作趋于常态化和规范化

一是依申请公开的诉求增量明显。近年来，群众对政务信息的知情诉求越来越强，政务公开过程中面临的信息公开申请压力也越来越大。越秀区作为广州市的主城区，群众在教育、医疗、房屋征收、老旧小区改造等各方面的信息公开需求增长较快。越秀区政府信息公开年度报告数据显示，2018年度全年共受理依申请公开1467件，而2013年该数字仅为155件，五年来增长了近9倍。

表2　　　　　越秀区历年依申请公开受理数量①

年份	2013	2014	2015	2016	2017	2018	2019
越秀区依申请公开受理数量（件）	155	313	317	689	1076	1467	408

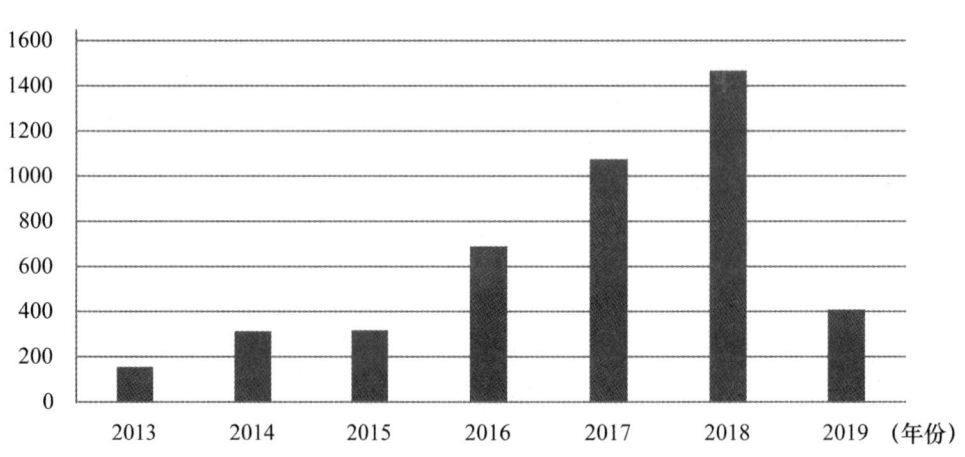

图2　2013—2019年越秀区依申请公开受理数量（件）

---

① 数据来自越秀区政府门户网站公开的历年信息公开工作年度报告。根据《广州市越秀区人民政府2019年政府信息公开年度报告》的说明，2019年度"广州市规划和自然资源局越秀区分局依申请公开数据归口广州市规划和自然资源局统计"，不再纳入越秀区政府信息公开年报统计范围，2019年广州市规划和自然资源局越秀区分局受理量为1204件，如计算在内，全区2019年实际受理依申请公开案件达到1612件，比2018年增加145件。

二是探索形成依申请公开统一答复协调机制，保障在收到依申请公开的第一时间以各级政务公开办公室为纽带，衔接各部门公开责任人，对答复的合法性和规范性进行统一审核，对答复办理进度进行统一把控，对需要协调不同部门进行答复的申请信息进行综合协调，充分保障了依申请公开答复的及时、处理的规范。

三是依申请公开答复质量稳步提升。越秀区高度重视依申请公开答复工作，严格落实依申请公开答复规范化标准化制度。为规范依申请公开工作，降低依申请公开工作引起的行政复议及行政诉讼发案率及被纠错率，区政务公开办组织对辖内各单位依申请公开工作遇到的问题进行专题调研分析，梳理全区依申请公开引起的行政复议、行政诉讼的相关情况，制作了依申请公开答复模板、依申请公开答复流程以及案例库，推进全区依申请公开答复标准化，同一类型统一答复口径。同时，全面推进法律顾问制度，确保部门和街道依申请公开过程中的法律专业指导。

（四）公开制度和程序更加规范

2019年5月15日开始正式实施的《中华人民共和国政府信息公开条例》第四条规定，各级人民政府及县级以上人民政府部门应当建立健全本行政机关的政府信息公开工作制度。越秀区高度重视程序规范，严格按照法律法规和规范性文件要求，规范政务公开系列制度建设，在探索中创新，形成了具有越秀特色的政务公开制度体系。

在主动公开制度建设方面，越秀区建立健全信息发布和审查机制，严格落实公文类信息公开三级审核制度。要求区各行政机关、街道依法界定本部门公开范围和内容，建立公文类信息公开属性审核制度，完善"初审、复核、审定"三级审核机制，明确相关责任。建立公文类主动公开政府信息的上网发布工作机制，明确工作责任和流程，确保主动公开工作及时高效。建立政务公开工作公众监督、评价和反馈机制，鼓励第三方机构进行独立公正评估。定期检查、通报、评比政务公开情况，及时优化政务公开相关栏目，完善站内搜索功能，增设网站地图，做到应公开尽公开。

在解读回应机制建设方面，规范解读回应工作。越秀区人民政府办公室专门出台了《关于印发越秀区政策文件解读工作实施办法的通知》，明确解读范围、解读主体、解读内容、解读途径、解读要求等，落实"谁起草、谁解读"原则。坚持文件与解读方案、解读材料同步组织、同步审签、同步部署，确保政策文件应解读尽解读。2019年，以区政府或区政府办公室名义印发的主动公开政策性文件17份，全部进行解读，解读比例达100%。创新解读方式，探索运用一图读懂、政策简明回答、网络访谈、政策进社区等方式，进行立体式、多方位解读，切实提升政策措施的宣传解读效果。越秀区利用图文表格、漫画、访谈等各种形式，对区内招商引资的"钻石29条"、惠及民生的"旧楼加装电梯"、社会治理的"扫黑除恶"宣传册等，在微博、微信公众号、区内电子显示屏、办事场所小册子等多种渠道做好宣传解读，让准确正面的解读深入人心。开设"越秀信箱""网上调查""意见征集""在线访谈"等政民互动栏目。2019年共开展了6期"网上调查"，"意见征集"25份，同时举办了7期"在线访谈"在线回答公众问题27条，办结环境扰民问题处理、老旧楼宇翻新、社区绿化提升等群众反映事项7.2万余宗。

在保障机制建设方面，建立了专职专人专责的"三专"制度。在区一级明确承担政务公开工作的机构，配齐配强工作人员，并由专人负责。同时要求区属各行政机关、各街道指定专门负责本机关政务公开工作的分管领导、专门科室、专职人员并明确专门职责，报区政务公开领导小组办公室备案，出现问题，直接追究到个人。

二 全面推进政务公开的越秀实践与地方特色分析

（一）加强组织领导，注重政务公开内在动力建设

1. 领导重视，强化"高位"推动

近年来，越秀区政务公开领导小组高位推动政务公开工作，统一部署年度政务公开工作重点，明确任务，分清职责分工。区主要领导亲自部署政务公开工作，加强全区推进政务公开工作的针对性和协调性，确

保全年政务公开工作重点任务分解，责任落地。2018—2019年，区主要领导就政务公开工作做出10余次批示，审定30多份重要的政务公开文件，指导全区开展政务公开工作。

2. 加强培训，提升公开能力

针对各单位领导干部对政务公开工作认识不到位，部分工作人员不理解政务公开、不会公开等情况，越秀区积极组织各种培训，提升全区各部门领导干部和工作人员的公开意识和工作能力。一是以"越秀讲坛"、区政府"常务会学法"等平台，邀请专家及上级主管部门，开展政务公开工作业务培训班，高规格高标准开展全区政务公开培训。二是将政务公开工作纳入公务员初任培训，对新录用任职的公务员分期进行政务公开知识培训。三是对政务服务窗口工作人员进行政务服务信息公开规范培训，明确具体要求，规范窗口工作人员工作行为。仅2019年，越秀区共开展3次政务公开业务培训，包括区政府领导、各单位领导在内共约660人次参加。

3. 科学调研，查找短板精准施策

没有调查就没有发言权。越秀区从实践出发，不断加大对全区政务公开工作的调查研究工作，积极查找短板，针对公开薄弱环节精准施策，有效提升全区政务公开工作水平。组织开展专题调研分析，对区政府信息公开平台、规范性文件、行政审批信息、行政处罚信息、社会救助信息、教育信息、政府信息公开工作年度报告、依申请公开等公开情况进行分析，查找短板，制定了提升"政府透明度"专项工作方案，明确任务分工，设定专项工作完成期限，确保整改落实到位。

4. 加强考核，确保常态更新

将政务公开工作纳入越秀区法治政府考核和越秀区机关绩效考核体系，完善考核办法，加大分值权重，严格执行上级考核要求，在绩效考核体系中分值权重占4%。区政务公开办每年组织对全区各有关单位进行政务公开考核，并积极引入第三方评估机构加强监测，对工作量大、完成出色、形成经验、走在全市前列的单位及项目，进行表扬和推广，对没有完成既定目标任务或依申请公开政府信息答复被纠错率高的单位，进行通报批评，并列出清单进行督促整改。

（二）用好法律顾问，助力依法规范公开

2016年，越秀区政府成立法律顾问室，到2018年，越秀区所有政府部门、街道已经实现法律顾问全覆盖。法律顾问制度的实施，有利于提升各部门在决策、执行、管理、服务、结果公开过程中的规范合法性，保障各部门在主动公开和依申请公开工作处理过程中，能够依法行政、依法公开。

1. 法律顾问全面介入依申请公开答复工作

依托受聘法律顾问工作体系，越秀区在办理依申请公开案件的过程中，要求政府部门及街道的答复从程序和实体两方面必须征求单位法律顾问意见，避免出现程序性错误，如果引起行政复议、行政诉讼，必须邀请法律顾问参与。以越秀区政府为例，2019年，越秀区政府本级依申请公开引起的行政复议、行政诉讼案件一共5宗，区政府邀请法律顾问全程参与，均全部胜诉。

2. 依托法律顾问把好决策关

越秀区为区领导配备各有专长的顾问团队，提供个性化定制的跟线法律服务，发挥专家作用，把好依法决策关。驻点律师配合部门做好政府文件的合法性审查工作，把好法制审核关。在文件的起草、修订、审查、解读等环节，积极发挥受聘法律顾问作用，确保依法决策、科学决策。

3. 通过法律顾问加强执行公开

越秀区首创律师在综合执法部门驻点办公参与案件处理的机制，代表群众对执行过程的合法性、公正性进行审查，确保政策执行到位，实现律师参与执法常态化管理。

4. 通过法律顾问全面提升依法公开工作能力

受聘法律顾问参与政务公开重要政策讨论制定，对政府信息的主动公开提供法律咨询，对公开过程中涉及的隐私和敏感信息进行提醒，对政务信息工作交流、业务培训、课题调研等与政务公开相关的法律事务提供法律咨询，全面提升各部门和街道工作人员依法公开的能力水平。

（三）公开与服务深度融合，增强群众获得感

越秀区按照《国务院关于加快推进"互联网＋政务服务"工作的指导意见》（国发〔2016〕55号）要求，借鉴推广"不见面审批"等典型经验的做法，积极推进政务公开与政务服务的深度融合，强化服务公开，打破数据壁垒，简化办事流程，让群众办事更明白、更便捷，不断增强群众的获得感。截至2019年底，越秀区实现依申请事项可网办率100%、最多跑一次率100%和办事不用跑率95%以上。15个部门326项业务实现"零跑动"，22个部门363项公共服务事项实现"只跑一次"。

1. 加强数据治理和数据开放

越秀区积极打破信息孤岛，通过信息系统对接、信息数据共享，切实压缩基层报表数量，减少基层工作人员二次录入，全区132种基层填报报表中，已取消93种，减少率为70%。强化应用身份认证、电子证照、数据共享等技术手段，居民通过身份认证即可自动获取个人证照信息和个人情况信息。减少资料递交环节促进居民群众"少带少填少报"。减少证明环节促进居民群众"快办"。实现群众办事申请表格少填67%，材料提交减少63%，办事少跑65%。

2. 加大服务指南公开力度

在网上办事大厅及时公开服务事项清单，实现办事材料公开目录化、标准化，让群众更明白更快捷。对街道办理的94项公共服务事项进行规范管理，实现办事指南公示统一化、标准化。推广全流程智能导航式网办，提高政务服务网上办理能力。

3. 实行服务过程公开，提升服务体验

做好网办大厅与区综合受理审批系统融合对接，开设短信提醒功能，及时推送部门预审结果，一次性告知需补正材料清单；开通"越秀政务"微信公众号，无缝对接网办大厅，提供预约办理、叫号提醒、网上审批、商事信息查询等全方位服务；搭建智能机器人应答系统，在网办大厅、微信公众号等平台提供全天候问答服务。

4. 优化服务渠道，推广便利渠道办理

大力推广"一体机""粤事通"等便利渠道办理，提升群众使用体

验。加大对政务多功能一体机配置力度,并完成区原有政务一体机改造工作,实现越秀区全部街道等基层场所部署政务服务一体机。覆盖出入境、交管、人社、民政、卫健、残联、税务等业务类别共131个子事项纳入一体机上办理。越秀区共128项基层事项,在已经上线"粤省事"、省政务服务一体机的一共26项事项中,通过"粤省事"政务服务平台进行手机网上办理,实现办事服务由"居民跑"变"掌上办"。

(四) 加强教育信息公开,助力教育公平

教育公平是社会公平的重要基础。教育信息公开是教育公平的有力支撑和保障,只有透明公开,主动接受监督,才能消除公众疑虑,才能保障教育机会公平,使教育领域综合改革能够真正得到群众拥护。越秀区高度重视教育信息公开工作,采用线下与线上结合,网站平台与新媒体互补,自媒体平台与第三方媒体协作等方式,多渠道多平台地主动公开教育信息、解读教育政策、回应家长教师的关切、积极引导社会舆情。

1. 强化教育信息公开渠道建设

越秀区充分发挥区政府门户网站第一公开平台作用,开设越秀教育专栏,在延续原有越秀教育网风格的基础上,进一步细化栏目设置,已经形成四个大栏目21个子栏目。开通"广州越秀教育"新浪微博、"越秀教育"微信公众号,微博粉丝数突破8400人,微信公众号订阅数15000个。加强与电视、报纸等权威媒体机构合作,及时共享发布义务教育信息。同时充分利用好公示栏、公告栏等传统信息公开方式,形成线上、线下结合的渠道格局。

2. 积极公开招生入学信息

小学一年级新生入学划片登记范围、招生方案、范围、程序、条件、结果,初中生招生办法、体育和艺术特长生招生办法、小升初返区生报读办法、小升初电脑派位方法及结果,来穗人员及港澳居民随迁子女入学办法、入学流程、证件要求和办理方式等全程公开,并同时延伸至幼儿园招生政策、区属公办幼儿园现场摇号及摇号结果全面公开。就招生工作中公众遇到的特殊和复杂情况予以解答。主动公开各类教育机构名单、教育收费项目、教育资助信息、教师管理信息等,真正做到应

公开尽公开。同时，将公开的教育机构范围覆盖至民办学校和校外培训机构，连续多年对全区民办学校进行年检公开，定期公示校外培训机构"有证有照"名单。

3. 主动公开教育资助信息

学前资助、义务教育阶段资助、普高资助、中职资助、建档立卡学生免学费和生活费补助、生源地助学贷款等各项资助工作政策均在越秀教育网上公开。同时，在区内各学校开展全区统一宣讲会进行学生资助政策宣传，并利用一封信、宣传手册等各种方式按学段向学生进行资助政策宣传，效果显著。

4. 主动公开教育收费项目

在越秀信息网教育服务页面开设教育收费专栏，主动公开教育收费有关政策文件、区属各类学校如公办幼儿园、各级小学、中学等收费项目、收费标准、收费依据，确保教育收费公开透明。

5. 主动公开教师管理信息

在越秀教育网等平台公开教师管理信息，如教师招聘公告、拟聘人员公示、教师资格认定、职称评审、民办教师和代课教师津贴、生活补助信息等。

（五）加强信用信息公开，打造诚信越秀

诚信社会的建设是一个复杂的系统工程。大力开展诚信建设工作，推动信用信息公开，加强信用监管，是健全市场体系的关键，可以有效提升监管效能、维护公平竞争、降低市场交易成本。近年来，越秀区高度重视社会信用体系建设工作，把社会信用体系建设列入区委常委会年度工作要点，列为区全面深化改革和优化营商环境的重要工作举措，政府率先垂范，创新载体平台，推动政务诚信、社会诚信、商务诚信、司法公信建设，打造"诚信越秀"，带动全社会诚信向良性方向发展。

1. 建立健全管理机制

结合各部门实际工作需要，越秀区率先制定印发《广州市越秀区公共信用信息修复工作指引》《广州市越秀区公共信用信息异议处理工作指引》《广州市越秀区联合奖惩数据和典型案例归集工作规定》等公共信用信息配套管理制度，提出公共信用信息管理的具体工作要求，有效

界定了公共信用信息管理的工作内容，明确了各部门的职责和分工，指导企业申请公共信用信息信用修复所需材料及流程。越秀区健全了"一单两库一细则"。梳理《越秀区行政处罚事项清单》，明确全区24个单位应归集公示行政处罚事项2249项；建立信用修复重点关注名单库，将1753家企业列入重点关注名单；在全市组建首个社会信用体系建设专家库；制定印发《越秀区行政处罚信息信用修复实施细则（暂行）》。越秀区率先建立"信用越秀"区级信用信息共享平台、出台区级联合奖惩实施意见和配套制度、组建信用工作专门科室机构、完成更新调整"双公示"数据归集标准、探索开展分类分级精准监管、初步构建形成以信用为基础的新型监管机制。

2. 加大集中公开力度

大力推进"双公示"工作，更新调整行政许可和行政处罚等信用信息数据归集公示标准，加大培训、解读、宣传力度，积极开展错误数据校对校验，提高"双公示"信息报送质量和效率。截至2020年5月，越秀区依托广州市公共信用信息管理系统，依法公示信息52204条，其中行政许可信息48643条，行政处罚信息3561条，核对校验900余条错误数据。优化"信用越秀"信用信息公示平台。依托"信用越秀"信用信息公示平台，做好公共信用信息归集与公开工作，共发布守信数据、失信数据、双公示数据三大类共20个主题区级公共信用信息数据207.37万条，并提供信用信息分类查询功能。建立企业政务信用评级系统，建立企业信用档案，开展企业政务信用评级，并以全区18个街道为单位，嵌入"越秀区企业分布图""街道企业统计图""街道信用统计排名"等模块，方便各职能部门和街道对企业进行精准分类分级管理，对评级较高的企业可在26项许可事项中容缺受理，对违法失信高发、易发领域"对症下药""靶向治理"。

3. 扩展应用领域

推广信用信息公开，推动社会诚信体系良性发展，关键还要看对信用信息数据的推广应用情况，应用越广，则信用信息的价值越大，公开需求就越强。越秀区在探索过程中，首创"信用管家"便企服务新模式，积极深入推进联合奖惩，探索经营者准入前信用教育，推广医疗卫生领域信用二维码应用，建设北京路诚信示范街，建立专业市场诚信服务平台,形成了一批优秀的创新应用经验。

创新"信用管家"服务模式,服务楼宇经济。为充分发挥中心城区楼宇经济发达的优势,不断强化重点商务楼宇诚信建设,越秀区出台全国首个按照联盟技术规范制定的《星级商务楼宇评定标准》,印发《广州市越秀区星级商务楼宇"信用管家"实施工作方案》,探索形成政府引导、楼宇共建、信用服务机构参与的信用便企服务新模式。从多家优质第三方信用服务机构业务骨干中选聘首批7名信用管家,免费提供信用咨询、培训讲座、信用风险讯息推送等8项公益性服务内容,以及出具信用报告、信用评估等5项市场化服务事项,建立24小时内服务响应机制。深入推进联合奖惩。深入推进失信被执行人联合惩戒,将3.2万余条失信被执行人信用信息嵌入区数据中心,明确11个部门25项惩戒措施。2019年以来,4729名失信被执行人主动履行法定义务后退出黑名单,7739名主动申请解除限制高消费及有关消费措施。探索经营者准入前诚信教育机制。编制《广州市越秀区商事主体诚信教育读本》《企业信用知识十问十答》等宣传教育资料,通过窗口赠阅、宣传讲座活动等方式免费发放。推广医疗卫生领域"信用二维码"应用。以医疗机构依法执业信用信息公示为切入点,先行在美容整形、口腔眼科等专科医疗机构中选取100家企业作为试点,统一制作信用档案二维码公示牌,统一在导诊咨询台显要位置公示,患者就医问诊时用手机扫码即可准确查询医疗机构的基本信息、监管信息、失信行为等。建设北京路诚信示范街,组织"北京路商圈诚信经营示范店"评选、"践行价值观,诚信我先行"活动等,同时委托第三方信用服务机构,为商户建立"二维码"诚信档案,可以通过"二维码"查询商户的信用状况、对商家的商品品质、服务态度等做出评价,逐步形成政府引导、商会参与、行业自律、社会监督的监管机制。建立专业市场诚信服务平台。人民街与海味干果行业商会共同打造了广州市首个专业市场诚信平台——一德诚信平台,纳入平台监管商家总数2100余家,全面覆盖一德路14个专业批发市场,市民在购物过程中通过扫描统一印制在商品标签上的二维码可以查询商家信用状况和食品溯源信息,同时开通微信公众号,全景展示一德商圈诚信体系建设成果,推送相关文章超过300篇次,总浏览量30万人次,接受消费者及商家咨询累计5000人次。

4. 探索实施信用修复制度体系

组织失信主体参加专题培训，定期组织公益性信用修复专题培训，统一印制教材、统一组织考试、统一培训形式、统一出具培训证明、统一参加人员要求。充分依托行业商会协会、商务楼宇管理方，针对不同领域的600余家商事主体组织信用修复专题宣讲10余次。支持和鼓励具有资质的信用服务机构进驻越秀区，失信主体也可根据自身需求，通过市场化形式选择信用服务机构参加培训。建立线上与线下修复双渠道。在越秀区政务服务中心开设信用修复现场受理网点，提供相关政策咨询服务，并现场指导办理。引导失信主体参照信用修复服务指南，通过"信用中国"网在线提交信用修复申请材料。

（六）加强食品安全信息公开，保障群众饮食安全

食品安全问题关系到群众的生命健康，关系到经济的健康发展和社会稳定。食品安全信息公开是政府信息公开的重要组成部分，是群众关切的民生热点，是政府信息公开工作的重点。越秀区以创建"国家食品安全示范城市"为契机，探索食品安全领域政务公开制度建设，有效保障人民群众对于食品安全的知情权、参与权和监督权。

1. 做好食品安全日常监管信息的公开

越秀区在区政府门户网站开设食品药品安全专栏，涉及食品安全日常监管事项的子栏目有专项整治、信用信息、注销撤销、违法广告、安全消费、行政处罚信息等，成功构建"以食品安全信息发布制度为建设目标、以政府门户网站为公开载体、以食品安全全链条监管信息为公开内容"的日常监管信息主动公开模式。

2. 做好食品安全风险评估和风险预警信息公开

通过越秀区政府门户网站食品安全信息公布专栏，主动在政府信息公开网站发布食品安全消费警示类信息，涵盖食品标签辨识、预防食物中毒、节假日消费提醒等多方面内容。

3. 建设实地基地创新食品安全宣教模式

秉承"监管为主、宣教先行"的理念，建成全省首家由政府自主建设运行的省级食品药品科普宣传基地——越秀区食品药品真假鉴别与宣教基地，收录展出生活中常见常用的食品真假样品1300余种，免费向

市民提供70多个项目的食品快速检测服务，集食品药品标本展示、真假鉴别、科普教育、人员培训、信息咨询、快速检测等多功能于一体。科学制订宣教计划，组织社区居民、中小学生、老年人、从业人员和机关事业单位人员到宣教基地参观学习，通过情景再现、真假比对等形式零距离科普真假鉴别常识，提高群众识别及自我防护能力。

（七）用好"两微一端"新媒体，释放渠道活力

微博、微信等新媒体平台具有传播快、互动性强和灵活便捷等优势，是互联网时代发布政府信息、快速回应社会关切的新渠道。用好"两微一端"等新媒体，做好与传统媒体、网络媒体等之间的信息衔接，融合多平台传播优势，策划整合式信息传播，主动管理好粉丝与流量，充分释放"融媒体"时代的渠道传播活力，达到最佳传播效果。

1. 平台融合，打造政务新媒体矩阵

2019年，越秀区正式挂牌成立区融媒体中心，积极整合越秀区内媒体资源，按照应融尽融的原则，将"广州越秀发布"政务微信、微博平台、《越秀政务手机报》、越秀信息网和全区18条街道微社区e家通、南方号、头条号、企鹅号、大鱼号等新媒体平台整合，越秀区融媒体中心不断加强不同信息公开平台协同联动，促进资源整合和共享，不同平台、不同栏目发布的政策信息，统一作为"广州越秀发布"政务微信内容来源，做到能融尽融。按照"谁开设谁管理"的原则，落实主体责任，严格内容审查把关，严禁发布与政府职能没有直接关联的信息，对信息发布失实、造成不良影响的要求及时整改。加强"两微一端"日常维护管理，对维护能力差、关注用户少的进行关停整合。

2. 流程再造，打造信息生产发布新模式

"新媒体中央厨房"是融媒体中心时代下新的信息生产模式，"实现新闻信息一次采集、多种生成、多元传播"。它往往实行采编分离，在集中统一的生产调度平台上实现一次采集、多元编辑、多频道（或多平台、多渠道、多栏目、多账户）发布，在很大程度上解决了生产调度无序、重复采访报道、资源投入浪费的问题。越秀区依托融媒体中心，建设"新媒体中央厨房"和集"策、采、编、播、发、推、评"为一体的指挥中心，简化流程，发挥好指挥中心作用，实现选题策划、选题派送、稿件审核、稿件发送等全平台化，进一步简化流程，提高新闻生产能力和效率。同时，中心入驻了南方+、广州参考、今日头条、企鹅号、大鱼号等新媒体平台。"壹+e"政媒宣传综合体利用政务新媒体矩阵与信息时报e家通的合作，精准做强做活主旋律宣传，有效打通宣传服务"最后一公里"，在全市得到认可和推广。

3. 充分发挥新媒体灵活便捷的传播优势

为不断提升"广州越秀发布"政务微信的传播力、引导力、影响力、公信力，越秀区推进区级媒体融合，在"融合"的基础上"融活"，不断产生化学反应。在业务管理上，实现由多点分散向集中统一的转变；在内容生产上，实现由单兵作战向协同作战的转变，积极策划精品新闻产品，在提高内容原创力上下功夫，在优化服务上下功夫，不断增强新闻的吸引力。新闻内容在"广州越秀发布"政务微信等新媒体首发。建立越秀区互联网媒体联络群，拓展自媒体行业协会，媒体渠道更多更广。2019年，"广州越秀发布"微信公众号获得三项大奖，分别为人民日报主办，微博、新浪网承办的2019政务V影响力峰会"文化品牌创新奖"，南方报业南方号"2018年广东政务新媒体年度区县传播力奖"，以及羊城晚报智慧信息研究中心"广东政务传播力Y指数2018年度政务微信传播优秀案例奖"、"2019年度微信影响力人气奖"。

4. 主动管理好粉丝与流量，做好互动回应工作

粉丝与流量在新媒体运营过程中有着至关重要的作用，虽然政务新媒体不能唯流量论，必须要注重新媒体的可持续发展，但同时健康有效的流量管理，也有助于政务新媒体平台的推广，通过主动的粉丝和流量管理，可以有效聚合新媒体受众，提供更具有黏性和针对性的政务信息与服务。越秀区在新媒体运营过程中，高度重视对粉丝和流量的管理，形成了一套行之有效的管理方法。

一是做好粉丝群记录。针对"广州越秀发布"17万余名粉丝，成立核心粉丝群组，对关注"广州越秀发布"双微平台的活跃粉丝、关注越秀区动态的网络大V、KOL等做好相应登记。二是定期组织线下活动。把握粉丝动态，主动邀请相关粉丝参与线上、线下活动，保持较好的日常互动。三是固定板块添加"会员专区"。未来，拟与腾讯大粤网合作开发会员系统，并接入越秀发布"会员专区"。"会员专区"主要

设有"领取会员卡""签到""换卡"三个子板块。关注"广州越秀发布"的用户只要进入"会员专区"即可成为越秀发布的会员,会员可通过领取电子会员卡、每天签到等享受会员卡升级或领取相应福利;每月指定一天为"会员日",赠送粉丝福利。争取区内外单位等提供相关福利作为会员礼品。

(八)以政务公开优化营商环境,提升城市竞争力

2019年10月22日国务院颁布实施的《优化营商环境条例》第三条第二款规定:"各级人民政府及其部门应当坚持政务公开透明,以公开为常态、不公开为例外,全面推进决策、执行、管理、服务、结果公开。"制度体系的公开透明、可预期,是营商环境的重要方面,政务公开是优化营商环境必不可少的一部分,在世界银行的营商环境评估方法体系中,三分之二的数据有赖于各国制度体系的公开,以及在此基础上的延伸要求。[①] 政务公开是规范权力运行、提高政府透明度的要求,也是深入推进简政放权、优化营商环境的有效途径。

1. 惠企政策集中发布

越秀区在政府门户网站开设"投资越秀""企业开办""越秀区复工复产政策专题"等专题页面,集中发布各类产业政策、惠企政策。2017年,越秀区出台了"钻石29条"政策礼包,推出"企业为主、人才为本、载体为基"三位一体的"1+3"政策体系,并深入园区、街道、办公楼宇进行政策解读宣讲,取得了良好的效果。2019年陆续出台并公开了《广州市越秀区促进产业园区发展和商务楼宇提升暂行办法(修订)》《广州市越秀区促进金融业发展实施办法》等系列文件;2020年以来,针对新冠肺炎疫情期间的影响,越秀区先后发布了《越秀区关于应对新型冠状病毒肺炎疫情 支持企业平稳健康发展的十条措施》《越秀区坚决打赢新冠肺炎疫情防控阻击战 努力实现全年经济社会发展目标任务若干措施》,这些文件都配以文字或图片解读,方便企业获取、理解,为相关企业的申报提供了便利。

---

① 后向东:《论营商环境中政务公开的地位和作用》,《中国行政管理》2019年第2期。

2. 推进企业开办联办改革

2018年7月,越秀区正式推出了"照章户税"四大项一天联办业务,在符合申办条件、材料齐全的前提下,企业即可1天完成营业执照、刻章备案证明领取及银行开户、新开业税务事项办理等,创造了越秀速度,受到国务院办公厅通报表扬。[①]

一是企业开办联办网点进银行。2019年,越秀区在此基础上进一步发力,推进企业开办联办网点向银行延伸,扩展企业开办联办专窗服务事项向"水电气"延伸,并新增企业注销联办窗口,将联办服务向企业注销推广。越秀区在工商银行东风中路支行、银山支行、交通银行越秀支行、东华南路越秀区党群服务中心等地完成企业开办四项联办窗口建设工作,将企业登记注册、公章刻制、办理税票等事项的联办网点直接延伸进银行,企业无须预约、无须往返跑动,真正实现在银行就能办企业,并于2019年12月初组织媒体广泛宣传报道,方便广大企业群众知晓。

二是拓宽企业开办联办专窗服务范围,将水、电、燃气及通信服务进驻越秀区政务大厅联办专窗。

三是新增企业注销联办专窗,将联办服务向企业注销推广,一站式办理清算组备案公示、清算公告、税务注销以及商事登记注销等多项业务,为企业注销提供更透明、更便捷的服务。

3. 落实政策兑现一窗式受理

越秀区还设立"政策兑现服务窗口",对区现有政策兑现内容进行梳理,明确事项审批环节及时限,梳理形成27项对企扶持政策,为企业提供零距离实时咨询、政策填报指导等专门服务。截至2019年7月,共服务企业600余次,协助落实各类扶持资金1.69亿元,惠及企业1095家、人才及团队509个。

4. 政务公开和政府服务进楼宇

越秀区积极服务楼宇经济,上线全国首个楼宇配套设施共享系统,辐射全区重点企业,实现驻楼企业政策咨询、信息反馈、商务需求"一

[①] 2018年11月26日《国务院办公厅关于对国务院第五次大督查发现的典型经验做法给予表扬的通报》(国办发〔2018〕108号)。

键式"解决。大力推广政务服务"一楼式"通办，成立政务服务党员志愿服务队，开展"政务服务进楼宇"党员志愿活动，梳理形成16大类38个类别的"定制化服务菜单"，实现驻楼企业政务服务"一楼式"通办。构建网格化、全生命周期企业服务体系，落实"首席服务员"制度，覆盖企业引进落户、培育成长等发展全周期。健全企业联系日常制度，定期联合各相关部门上门走访，协调解决企业困难。

5. 推行"信用承诺＋容缺办理"

主动拓宽信用评级应用界面，推行"信用承诺＋容缺办理"，依托越秀区企业政务信用评级系统数据，选取区市场监管局、区卫健局、区文广旅体局、区生态环境分局等部门47个事项试点推行"容缺受理"。推进区综合受理审批系统与诚信体系应用系统数据衔接，综合窗口收件时录入企业名称，系统自动识别并显示企业信用等级，实现相应容缺。

三　未来展望

党的十九届四中全会报告提出，要坚持权责透明，推动用权公开，完善党务、政务、司法和各领域办事公开制度。全国政务公开领导小组第三次会议指出，当前的政务公开工作，要着眼于推进国家治理体系和治理能力现代化，进一步完善政务公开制度，提升政务公开质量，强化政务公开职能作用；着力提升政策发布解读回应水平，着力加强突发公共卫生事件信息公开，着力推动重点政务信息集中统一公开，着力抓好信息公开条例贯彻落实和配套制度建设，着力推进基层政务公开标准化规范化。

自2008年《中华人民共和国政府信息公开条例》颁布实施以来，各地经过十多年的不断探索、实践，政务公开已经有了长足进展，但与人民群众的期待相比还远远不够，特别是在基层，还有许多与群众利益密切相关的内容需要加大公开力度。2019年12月18日的国务院常务会议强调，政务公开是常态，不公开是例外。而基层政务与群众的切身利益息息相关，凡应公开的要全部公开。2019年12月26日发布的《国务院办公厅关于全面推进基层政务公开标准化规范化工作的指导意见》要求，到2023年，基本建成全国统一的基层政务公开标准体系，覆盖基层政府行政权力运行全过程和政务服务全流程，基层政务公开标准化规范化水平大幅提高，基层政府政务公开工作机制、公开平台、专业队伍进一步健全完善，政务公开的能力和水平显著提升。2020年是全面推进基层政务公开标准化规范化的关键之年，越秀区作为广州的核心城区，在之前探索中有许多创新经验，走在了全国前列，但仍有许多亟待改进的地方。以越秀区为样本，解决推进基层政务公开标准化规范化过程中的共性问题，可以为全面推进政务公开、深化全面依法治国提供富有前瞻性、实践性和创新性的有益参考。

（一）精准梳理公开目录，推进政务公开标准化

一是全面吸收全国基层政务公开标准化规范化试点探索经验，推进政务公开标准化。应对照国务院部门制定的国土空间规划、重大建设项目、公共资源交易、财政预决算、安全生产、税收管理、征地补偿、国有土地上房屋征收、保障性住房、农村危房改造、环境保护、公共文化服务、公共法律服务、扶贫、救灾、食品药品监管、城市综合执法、就业创业、社会保险、社会救助、养老服务、户籍管理、涉农补贴、义务教育、医疗卫生、市政服务等26个试点领域标准指引，结合本级政府三定方案、权责清单和公共服务事项清单，全面梳理细化相关领域政务公开事项，因地制宜、实事求是，编制完成本级政务公开事项标准目录，明确公开事项的名称、内容、依据、时限、主体、方式、渠道、公开对象等要素，提升政务公开规范化程度。应切实厘清公开边界，逐项核对，认真梳理，既要保证"应公开、尽公开"，又要切合本地实际，避免生搬硬套，确保编制的本级政务公开事项标准目录可操作、能落地。二是推进公开平台规范化，结合基层政务公开事项标准目录的要求，以政府门户网站为核心，加强政务新媒体、政务公开栏等平台的融合发展，优化页面布局和栏目设置，改进平台搜索功能，合理设置同类信息的集中统一展示专题，全方位多维度地提升群众获取信息的便利度，确保公开信息的到达率。三是要切实应用基层政务公开事项标准目录，确保事项公开到位。强化组织领导，围绕基层政务公开事项标准目录的落地工作，强化责任分解，落实到人，有序推进；要加大基层工作

人员的培训力度，牢固树立"应公开、尽公开"的理念，让工作人员看得懂、用得好新的公开标准；强化测评整改，结合日常检查、第三方测评、网站普查等手段，推动政务公开工作常态化开展；要强化督察考核，将基层政务公开标准目录的推广应用纳入年度绩效考核，并作为重要考核事项提高权重。

（二）优化公开制度流程，推进政务公开工作规范化

一是规范政务公开工作流程，构建发布、解读、回应有序衔接的政务公开工作格局，优化政府信息管理、信息发布、解读回应、依申请公开、公众参与、监督考核等工作流程，并建立完善相关制度，切实发挥公开制度规范指导作用。二是规范依申请公开办理，强化工作指导，明确工作流程，积极推进依申请公开答复协调联动机制、答复备案制度、法制审核制度、保密审查制度，积极推广政府信息公开申请办理答复规范，加大受聘法律顾问参与深度，确保依法、规范办理各类政府信息公开申请。

（三）依托现代科技，不断优化公开平台

一是探索平台数据深度融合，依托政府数据共享平台，做到信息"一次发布、跨栏目跨平台调用、同步修改"，真正实现数据同源。二是积极探索"智慧公开"，将政务公开事项标准目录、标准规范嵌入部门业务系统，促进公开工作与其他业务工作融合发展，对于常态化的业务信息，应该在信息正式形成并确定公开属性后，由系统自动推送，实现自动公开、智能公开，形成政务公开的"自动化保障机制"，确保公开信息无遗漏。三是积极用好各类新媒体，顺应互联网和移动互联网发展的客观规律，在建设好微博、微信等新媒体平台的基础上，鼓励有条件的单位积极探索在新兴媒体，如今日头条、抖音、知乎或其他新平台上开设账号，充分发挥新媒体渠道的灵活传播优势。四是积极探索数据开放，在确保政务数据治理的基础上，有序开放不涉密的政务大数据信息，鼓励企业使用政务大数据进行二次开发，提供更加便民的应用服务，充分挖掘沉淀政务数据资源的价值。五是探索人工智能算法推送在政务公开领域的应用，针对政务信息"不好找"的现象，分析不同人群的信息需求和获取习惯，实现人工智能精准推送服务，做到精准公开。六是创新线下公开平台建设，打造线上、线下相结合的公开平台，积极探索政务公开专区、政务公开栏建设标准，鼓励有条件的地方利用新基建发展契机，实现社区（村）电子屏信息的数据联网，可直接调取或推送政府信息公开平台的公示信息。七是探索公开与服务的深度融合，推广全流程导航式办件系统的应用，在具体的办理环节精准切入相关的政策文件、解读、样本材料、常见问答等信息，以公开促进服务质量的提升，让在线办事更加便民。八是面向未来积极拥抱新技术，随着5G应用的逐步推广，虚拟现实、远程操控等技术都可能应用于政务公开和政务服务领域。越秀区制定的《2020年营商环境改革实施方案》中提出，要大力推广在线评审模式，将现场评审调整为"视频预审+网上告知"，未来类似的应用将更多地在我们的工作中出现。

（四）扩大公众参与力度

一是强化公众参与意识，提升公众参与积极性。在重大决策制定过程中，要提前谋划，广泛宣传，引导利益相关的企业和群众知晓、关注、参与相关决策的制定过程。二是积极回应公众的参与，对积极反馈意见的群众，要认真研究对待，必要时可主动联系询问意见提出的背景原因，邀请深入参与决策的起草讨论。三是建立科学决策的第三方专家库、顾问库、行业企业家代表库、典型群众代表库，分类建设，积极维护，对不同领域的决策事项，可定向邀请对应的专家群众参与，广泛听取意见，保障决策的科学性。四是加强解读工作，重点关注民生问题，多主体、多角度、多种形式地解读重要的政策文件，要注重提升政策解读的质量，发掘政策制定的背景、矛盾焦点、具体考虑等，不能简单摘取、浓缩政策原文，不能仅满足于华丽但缺乏解读深度的图解、视频解读等，解读成果内容既要有深度，形式也要新颖，便于传播，易于理解。五是积极回应社会关切，有序引导社会舆情。要规范舆情回应程序，对回应时间、方式统一要求，对回应的通告、话术要做好审查研判，对回应的内容要做到诚恳、担当、有内涵，杜绝假大空、踢皮球式回应，更要杜绝明显违反公务人员基本要求、有损政府部门形象的语言。

Ⅱ 专题报告

以政务公开促政务服务优化提升

广州市越秀区政务服务数据管理局[*]

摘　要：围绕数字政府改革建设、"互联网+政务"、审批服务便民化等工作部署，越秀区政务服务数据管理局在网上服务能力、基层减负、简化流程等方面着力推进，创新政府信息公开形式，拓宽政府信息公开渠道，深化政府信息公开内容，提高政府工作透明度，以政务公开助力政务服务改革，不断提升政务服务水平，推动简政放权、放管结合、优化服务改革，激发市场活力和社会创造力，打造法治政府、创新政府和服务型政府。

关键词：政务公开；基层减负；企业开办；政务服务；数字政府

越秀区政务服务数据管理局坚持强化为民服务意识，全力推进简政放权、放管结合、优化服务改革，深化政务公开，加强政务服务，建立规范、透明、高效的政务服务公开机制，进一步提升政务服务质量，以政务公开服务、支持、推动政务服务和数字政府实践改革。

一　以政务公开促进政务服务便捷高效

（一）开展基层减负便民试点工作

越秀区作为广东省基层减负便民试点区之一，各部门积极主动，相

---

[*] 课题组负责人：蓝晓华，广州市越秀区政务服务数据管理局副局长。课题组成员：袁中蕾、许剑辉。执笔人：刘思敏，广州市越秀区政务服务数据管理局一级科员；柯尔婷，广州市越秀区政务服务数据管理局，政务服务中心九级职员。

互配合，及时对接省统一数据平台、市数据中心，联通9个业务系统，打破信息孤岛，推动办事过程数据和办事结果数据定期在省、市、区三级平台流转共享，实现数据无缝对接，为广东省"数字政府简政便民、打通最后一公里"的课题提供了大量实践经验和切实可行的解决路径。

从窗口办理到指尖办理，越秀区128项基层事项，目前上线"粤省事"、省政务服务一体机的有26项事项，通过"粤省事"政务服务平台进行手机网上办理，实现办事服务由"居民跑"变"掌上办"。减少资料递交环节，促进居民群众"少带少填少报"，强化应用身份认证、电子证照、数据共享等技术手段，居民通过身份认证即可自动获取个人证照信息和个人情况信息，减少证明环节，促进居民群众"快办"。通过"业务简化、可信身份认证、电子证照、数据共享、外循环变内循环、速递服务"等措施，优化业务流程、精简办事材料、压缩办理时限。实现群众办事申请表格少填67%，材料提交减少63%，办事少跑65%，减负便民成效显著。推广"粤省事"政务服务平台即时办理功能，居民群众可在线获取社保清单、无犯罪记录等电子证照。组织职能部门、街道联合"会审"，梳理需基层开具的证明材料51种，已上线4种通过"粤省事"、政务服务网、政务服务一体机等渠道便利办理，计划取消18种，以此实现减证明、快办结、减负担，提升基层政务服务实效。通过信息系统对接、信息数据共享，切实压缩基层报表数量，减少基层工作人员二次录入的数据。全区132种基层填报报表中，目前已取消93种，减少率为70%。整合自助服务设备，自助办理能效全面提升。在越秀区配置8台省级多功能一体机，覆盖出入境、交管、人社、民政、卫健、残联、税务等业务类别，目前共131个子事项已纳入一体机上办理；完成区原有的50台政务一体机利旧改造工作，已实现越秀区18条街道及部分村居等基层场所部署政务服务一体机。在政务一体机上通过与省政务服务一体机系统对接，目前已可办理税务、社保、民政、卫健、公积金等63项业务，真正实现"让信息多跑路，让群众少跑腿"。

创新依托"粤省事"政务服务平台，在全区街道推广应用"越秀人家"微信小程序，推动业务系统分散的办证办事公共服务事项集成到"越秀人家"平台集中办理，实现"一平台"通办，促进"一站式办理"升级为"指尖办理"。居民可通过"越秀人家"进行党员报到、居民议事、志愿服务等。协调区宣传部、北京街、数广公司在都府社区联合开展基层减负便民工作专项宣传活动,省、市主流媒体参与报道。以现场演示、互动宣讲会、户外设摊宣传等形式向群众和媒体进一步普及"粤省事"、政务一体机、"越秀人家"等政务新渠道。目前,越秀区"粤省事"关注人数超过43万人。

(二)多维度创新拓展公开方式,围绕"一中心三板块",创新推进数字政府建设

1. 建设"越秀智库"平台

建立完善各类业务系统的数据共享机制,从党的建设、经济发展、城市运行、民生保障、社会建设等几个方面开发数据应用功能。推进建立数据更新核准机制,明确数据提供部门及数据更新标准、频率。做好数据采集、管理和维护,为数据的有效分析利用提供基础性支撑。建立统一的指标分析模型,积极运用大数据对各类数据、指标进行管理,逐步推进可视化分析展现,促进科学决策、智慧指挥。

2. 深化"越秀人家"应用

进一步强化党建引领社区共治,吸收3万多名党员加入平台,累计报名参与服务5万多人次。29项社区政务服务事项全部实现线上可办,加装电梯、法律咨询、居家养老、"健康e站"等民生服务上线,实现越秀大小事手机一点通。强化线上议事功能,支持居民有序参与社区议事、投票决策和"民主协商"。鼓励并支持辖内机团单位进驻项目,推动实现社区资源共建共享、协同共治。

3. 创新打造"越秀先锋"

通过整合事件的采集、处置和管理三个功能,推进微信工作群、业务系统、数据中心"三融合",实现企业群众诉求、巡查发现问题和上级交办工作一键转办、及时处理、实时调度。工作人员发现问题"一键呼叫",相应人员按职责认领、同步处置,形成呼叫、响应、调度、处置的工作闭环,实现基层治理"有呼同应"、全流程处置自动留痕。4月上线以来,全区依托"越秀先锋"已处理事件1000余件。

4. 建设"越秀商家"平台

打造诉求响应模块，为区内企业提供诉求快速提交入口，专业部门点对点响应、高效处理，促进实现"接诉即办"。拓展联系服务企业桥梁，精准推送区内暖企利企政策，提高企业政策可及性和知晓度。链接粤信签、粤信融等掌上服务平台、网上预约系统，为企业提供预约、办税、新办企业银行开户、信用信息查询、融资贷款等多维服务，进一步优化营商环境，全方位助力企业发展。

5. 开通"越秀政务"公众号

聚合省、市、区移动政务平台，提供在线申办、预约、进度查询、业务指南、线上咨询等多项服务，助力群众"指尖"申办。推广不见面审批，借助电子材料、在线身份确认技术，实现食品经营、建设项目等743项业务全流程网办。创新宣传推广模式，拍摄投放既有住宅增设电梯、政务一体机操作指引宣传视频，强化政务服务指引。畅通咨询反馈渠道，强化咨询反馈结果应用，提升为民服务效率。

（三）落实审批服务便民化，推进"互联网+政务"

1. 建立电梯加装并联审批机制

在餐饮并联审批和建设项目联合审批基础上，继续推行首席审批官制度，将与群众生活密切相关的既有住宅加装电梯审批事项中征求部门意见环节纳入综合受理系统并联审批模块，目前已在系统上开始运行。系统同步发送审批件，要求相关部门5个工作日内回复审批意见，逾期不复视为无意见，大大提升了规划和自然资源部门审批效率，进一步缩减办事时限。

2. 落实政策兑现一窗式受理

对区现有政策兑现内容进行梳理，明确事项审批环节及时限，结合事项规范优化内容，实现政策兑现一窗受理，分类审批模式，严格按审批时限要求进行政策制度的兑现，为企业提供更优、更快的政策兑现服务。按照集成服务工作规范，制定政策兑现事项清单模板，发各政策兑现部门参考填报，规范政策兑现事项办理材料范本及清单要素。由越秀区政务服务数据管理局政务中心工作人员承接专窗服务，承接三楼政策兑现服务窗口业务，按照各部门提交的事项清单对企业提交的材料进行形式审查，做好政策办理流程解释和指引。目前，已有26个事项纳入政策兑现服务专窗中受理。

3. "容缺受理"正式上线

越秀区企业政务信用评级系统通过大数据平台系统分析，对企业精准分类分级。全区已有14.8万余家商事主体被纳入企业信用平台进行评级。梳理区政务服务中心"一窗"事项，选取区市场监管局、区卫健局、区文广旅体局、区生态环境分局等47个事项试点推行"容缺受理"。推进区综合受理审批系统与诚信体系应用系统数据衔接，综合窗口收件时录入企业名称，系统自动识别并显示企业信用等级，实现相应容缺。企业信用等级为A、B、C级的企业，A、B级企业可容缺率分别为容缺材料不超过需要提交材料范围的30%、20%，且可容缺材料不指定，企业灵活度更高。

4. 街道一窗综合系统的推广和绩效体系打造

完成越秀区街道一窗综合系统升级改造，引进街道绩效评估模块，实现区街社区一窗系统大数据分析统计，帮助实时掌握街道一窗综合受理的效能情况。开展街道新一窗式综合受理系统推广工作。2019年5月起全区各街道将开始全面使用街道新一窗综合受理系统。为深入推进街道"一窗式"集成服务改革工作，在区人才服务管理办公室召开四场街道新一窗综合受理系统操作培训会，演示街道新一窗综合受理系统操作流程，要求区各有关部门和街道会后加强新系统的使用。后又对街道、社区4个职能局的前台工作人员和后台审批人员进行线上、线下培训，确保系统推广成效。截至2019年12月底，各街道共用新版综合受理系统办结事项395307件。

5. 推广实施区级"不见面审批"工作

开展首批"不见面审批"事项梳理遴选工作，初步梳理遴选出一批事项作为"不见面审批"事项。已在越秀区政务服务中心推出"不见面"审批业务。2019年4月下旬在区政务服务中心1楼5号窗设立"不见面审批"统一收件窗，负责从快递企业收取（签收）纸质材料，核对电子件与纸质件一致性并进行登记、转派（纸质材料转派给部门）。正式运行"不见面审批"。越秀区依申请事项787项，最多跑一次率为100%，行政许可事项办事不用跑率为97.42%。

二 以政务公开推动政务服务精准规范

（一）推行政务服务标准建设

为加强政务服务事项管理，实现对全区政务服务事项清单和权责清单的规范化、标准化、信息化和动态化管理，越秀区一是制定《越秀区政务服务事项管理办法》，主要从职责分工、事项管理、系统管理与应用、监督考核等方面进行规范化、标准化；二是编制《越秀区政务服务规章制度汇编》，其中包括《越秀区政务服务规范》《越秀区政务服务中心大厅管理办法》等一系列规章制度，涉及政务服务大厅管理、窗口办件、信息公开、服务规范、工作人员考勤、网络信息管理、效能监察、应急处理等各个方面；三是组织有关部门开展梳理工作，形成《越秀区全区通办公共服务事项清单》和《越秀区公共服务目录（2019版）》，均已在"越秀发布"微信公众号对外发布。《越秀区全区通办公共服务事项清单》包括区税务局、区公安分局、区来穗局、区民政局、区人社局5个部门58个事项，如发票缴销、领用、认证和居民身份证、积分制入户、结婚登记预约、就业失业登记等事项均已实现全区通办。《越秀区公共服务目录（2019版）》包括区税务局、区公安分局、区卫健局、区民政局、区人社局等20个部门351个事项；四是结合权责清单梳理工作，印制了《越秀区基层服务事项清单》及《越秀区政务服务事项清单》，规范对外发布事项名称。

（二）组织部门开展政务服务"好差评"评价工作

将综合受理系统、评价器系统与省"好差评"系统做对接，在全区社区推广使用综合受理系统和开展提高"好差评"覆盖率工作。区政务服务数据管理局进行了系统开发配置，社区在办的事项已全部配置到综合受理系统。为进一步推进越秀区政务服务"好差评"工作，提升越秀区政务服务质量，召开了"好差评"工作推广会议，介绍省市对"好差评"工作的要求，演示"好差评"系统的操作使用流程，推广使用线上线下政务服务渠道做出"好差评"评价，做好引导发动群众进行"好差评"评价。发文组织专业大厅、街道、社区发动群众进行"好差评"工作，实现"好差评"评价在区、街、社区、部门大厅全覆盖。

三　以政务公开助力服务企业能力提升

通过最大限度方便企业和群众办事，打通政府联系服务企业"最后一公里"，打造有利于"大众创业，万众创新"的越秀政务服务升级版。

（一）企业开办"一网通"

1. 率先推出新办企业四大项一天联办

越秀区为配合广州市全面推进商事制度"放管服"改革纵向发展，从商事登记、刻章备案、银行开户、税务事项办理四个企业开办必备环节切入，率先实现企业"照章户税"四大项一天联办。在越秀区政务服务中心设立"四大项一天联办"服务专窗，在符合申办条件、材料齐全的前提下，即可1天完成营业执照、刻章备案证明领取及银行开户、新开业税务事项办理。开办时间比广东省要求的企业开办时间压缩了4天。

2. 新开企业联办服务进一步延伸

2019年开启与合作银行设立"新办企业联办"服务专窗的模式，联合工商部门、税务部门、公安部门、工商银行等多个单位，设立了广州市越秀区新办企业联办服务德政北路分中心。该网点成为广州市第一个政务中心与银行整合的办事点，为打造政务服务共建、共治、共享新格局提供了新的模式。2019年9月，在交通银行广州越秀支行设立"新办企业联办"服务网点，提出全流程电子网办为交通银行"新办企业联办"服务网点的主要模式。以设立"新办企业四项联办服务网点"作为主线，探索多样化的银政合作模式，创新服务方式，起到示范宣传作用。

3. 率先打造"一站式"企业注销联办服务

针对时下企业常遇到的"注销难"问题,区政务服务数据管理局联合多部门在越秀区税务局交易广场大厅设立"企业注销联办专区",创新实现跨部门进驻,一站式办理清算组备案公示、清算公告、税务注销以及商事登记注销等多项业务,为企业注销提供更透明、更便捷的服务。其中,纳税人在办理《清税证明》时,可选择"承诺制"容缺办理,即签署承诺书后,税务机关即时出具《清税证明》,原本需要几周甚至几个月才能办好,现压缩到当场清税。企业注销耗时整体压缩30%,有效降低企业退出成本,提升企业注销便利度,打造高效快捷便利的企业生命全周期政务服务体验。

4. 推行新开办企业"一网通办、一窗通取"

2020年5月25日起,全市"一网通"系统正式上线,新开办企业可通过"一网通平台"一次性申请营业执照、刻制印章、申领发票(含税务Ukey)、就业和参保登记、住房公积金缴存登记、预约银行开户等事项。该平台将开办企业的照、章、税三大审批部门业务有机地结合,让办事企业群众只填一个表格,仅网上申请一次,实现开办企业"一张表格申报、一个环节办理、最快半天办结"的目标,全面提升开办企业的便利度。截至6月底,通过一网通办理开办企业共1359家。

(二)工程建设项目联合审批

按照市工程建设项目审批制度改革和优化营商环境工作要求,2018年10月在区政务服务中心开设工程建设项目联合审批专窗,负责咨询、受理政府投资和社会投资两大类型的工程建设项目行政审批服务事项,集中了区规划和自然资源分局、区建设水务局、区生态环境分局、区城管局、区发改局、公安交警管理等相关职能部门进行联合审批。截至2020年6月30日,联办业务办理流畅,运行平稳,共办理934宗业务。其中,立项用地规划阶段250宗,工程建设许可阶段100宗,施工许可阶段460宗,竣工验收阶段124宗。

为全力配合工程建设项目审批制度改革,转变服务方式,优化服务流程,加大服务力度,区政务服务中心为工程建设项目联合审批提供全程免费代办服务,无偿为项目单位提供咨询、指导、协调、代办等服务。自 2019 年起，区政务服务中心为各类市、区重点项目，如中山大学、广州市第一人民医院、广州市大佛寺、广州供电局有限公司、广州体育大厦有限公司等项目单位提供政策解答、事项申报等咨询服务，指导项目单位申报材料准备、申报进度计划等，帮助项目单位联系审批部门、协调推进所办理的事项等服务，助力企业项目审批提速，提升企业改革获得感。特别在 2020 年新冠肺炎疫情期间，为做好复工复产相关工作，获悉供电部门加大了项目实施的步伐，中心主动与其对接，在项目联审事项申报开始，系统推送转交办，办件结果反馈等全流程主动介入、主动协调，使审批部门积极压缩审批时限，让项目早日落地实施。

（三）做好对企防疫数据支撑服务

2020 年初，以"越康""越企康""越民康"三大数据平台在全市打响智慧防疫阻击战，在疫情防控时期主动服务便民利企，持续推动全区营商环境整体优化提升。

在全市率先开发"越企康服务系统"，并链接"越秀人家"主页，企业通过手机登记、远程数据上报即可完成员工健康情况及线上复工复产报备，降低一线工作人员接触风险，助力企业和楼宇安全有序复工复业。系统后台数据自动分析，实时形成相关台账，助力行业主管部门、街道及时了解企业需求，为全面复工复业提供数据支撑。

完善便民便企防疫服务体系。春节期间，在全市率先开发干部健康自主申报程序，发动干部主动填报，加强内部防控管理。依托"越秀人家"率先开发防疫电子通行证，后续对接穗康码，督促落实人员进出管理，智能化助力防疫管控。主动链接粤省事、穗康、逸仙 5G 云医院等多级数据应用，便利企业群众获取防控资讯、健康申报、在线问诊，织密织牢疫情防护网。

（四）加强银政合作

为进一步推动金融服务优化营商环境，探讨政务改革与金融创新合作模式，与建行广州越秀支行全力对接，在智能服务区打造"政务服务区"，并在越秀区辖内的 35 家建行网点智慧柜员机全面上线政务服务功能,涵盖社保、公积金、工商、税务、公安、残联、司法、不动产、住建、海关、民政、卫健、公共服务等13个大类共113项,包括身份证及户口本复印件、出生医学证明、个税完税证明、个人信用报告等高频政务事项,还可提供不动产登记电子证明、不动产权电子证书等实用查询功能。建行网点变身"政务便民服务中心",24小时轻松办理政务服务,实现"进一家门、办多家事,全面助力智慧政务落地"。

四 计划与展望

(一)深化"越秀人家"小程序应用及传播,继续深化基层减负工作成果

"越秀人家"小程序自推出以来,取得较明显成效,为进一步推动越秀区社区共建共治共享成果,真正实现群众"所想即所见,所见即所得",下一步拟将"越秀人家"小程序进一步优化,将小程序功能升级,在省建设粤省事政务服务小程序、市建设穗好办政务服务App的背景下,协调省、市政数部门,开放权限、系统接口,促进"越秀人家"小程序与省、市政务服务平台的双向互联;同时,区着力点拟放在社区治理的线上转化,统一各街道服务标准,打造一批在越秀区统一的公共服务事项(如加装电梯、社区律师咨询、微心愿、掌上医院、就业助手等),并将其功能化、常态化、标准化,实现线上需求响应,使之成为越秀区居民和企业觉得好用、想用的生活工具,并进行行之有效的推广。

(二)打造智慧政务服务大厅,推进"互联网+政务服务"

计划打造全国领先的智慧政务服务大厅,通过整合银行、政府、大数据、一体机,融合出入境、户政、商事登记、公积金、金融服务等95项以上业务,打造智慧政务服务大厅成为群众办事办证一体化智慧枢纽。利用区块链、大数据、电子证照共享复用等领先技术,实现越秀居民办事办证即来即办。

（三）结合一件事审批模式，深化并联审批改革

目前，越秀区在餐饮、工程建设已经实现并联审批，接下来即将上线既有住宅加装电梯并联审批模块，并逐步推广到医疗产业审批。下一阶段，区政务服务数据管理局在市局的指引下，将着重打造"一件事审批"新模式，同时学习借鉴其他地区好的经验做法，围绕企业办事需求，开展"一件事"主题服务情况梳理，组织部门梳理形成越秀区涉企服务高频事项清单，整合办理同一件事需要的多种证照，综合受理，同步审批，同步出证，通过精简办事材料、整合办理环节、压减办理时间，以企业办理的"一件事"为中心，用部门跑、数据跑代替群众跑，减少企业跑腿次数，让办事群众进一扇窗，交一套材料，用尽可能短的时间，完成一整件事的办理，更加方便企业办事。

（四）完善企业服务，推动营商环境优化

一是继续与第三方评估机构合作，参评公共服务满意度排行榜，根据评估机构的专业意见不断优化越秀区政务服务工作，同时不定期对越秀区中心政务服务情况开展问卷调查，及时了解群众不满意问题情况，梳理企业群众办事堵点痛点，并做好相应的优化改善，争取在五年全省公共服务满意度排名第一的基础上再创佳绩。

二是做好政务服务分支网点的运营（党建中心、交行网点、工行网点等），做好联办网点宣传推广，继续促进联办网点增点扩面，定期走访企业及时了解和解决企业反映集中的诉求，探索企业开办全程网上办，进一步优化完善企业开办服务模式，深化线上线下融合服务。

三是扩大容缺事项、容缺对象范围，纳入更多需要现场核查的事项，让企业在部分非核心材料缺少或瑕疵情况下先得到受理，用足用好诚信体系，形成守信经营示范效应。

四是推动不见面审批，已组织部门针对需要现场勘查核验的事项梳理出36个"不见面审批"事项，下一步将继续优化系统提升全流程网办效能，推进该批事项实现群众在手机上即可办理，无须邮寄材料或到窗口递交材料。

越秀区信用信息公开探索与实践

广州市越秀区发展和改革局*

摘　要：越秀区通过近年来的探索实践，进一步完善辖区内的公共信用信息归集共享体制机制，在区政府门户网站开设"信用越秀"专栏，结合最新政策要求不断优化升级，并通过对信用信息数据的分析整合，不断打造信用便企惠民应用场景，为强化社会信用体系建设和优化营商环境注入新的活力。

关键词：信用信息；便企惠民；信用越秀

诚信是中华民族的传统美德，是社会主义核心价值观的重要内容，是促进社会主义市场经济健康发展的道德基石，建立完善社会信用体系已成为保障我国市场经济健康运行的关键之举，加强诚信建设，健全跨地区、跨部门、跨领域联合激励守信、惩戒失信的长效机制，对完善社会信用体系建设，降低社会风险，维护社会的公平正义具有极其重要的意义，而公共信用信息的全面归集、整合分析、共享运用是构建完善社会信用体系的基础和关键。

一　背景与任务

近年来，党中央、国务院高度重视社会信用体系建设。习近平总书

---

* 课题组负责人：刘纪耀，广州市越秀区发展和改革局副局长。课题组成员：刘咏梅、谭智伟。执笔人：谭智伟，广州市越秀区发展和改革局营商环境和信用建设科科员。

记强调，要建立和完善守信联合激励和失信联合惩戒制度，加快推进社会诚信建设，充分运用信用激励和约束手段，建立跨地区、跨部门、跨领域联合激励与惩戒机制，推动信用信息公开和共享，着力解决当前危害公共利益和公共安全、人民群众反映强烈、对经济社会发展造成重大负面影响的重点领域失信问题，加大对诚实守信主体激励和严重失信主体惩戒力度，形成褒扬诚信、惩戒失信的制度机制和社会风向。李克强总理强调，加强信用监管是基础，是健全市场体系的关键，可以有效提升监管效能、维护公平竞争、降低市场交易成本；要用好失信联合惩戒这把"利剑"，强化跨地区、跨领域、跨部门联合惩戒，对失信主体要坚决依法依规惩治。

越秀区作为广州市行政、商贸、金融、文化中心，2018年地区生产总值达3281.61亿元、经济总量保持全市前三，新增商事主体3.83万户，增幅居全市各区第一，目前全区市场主体总量已达18万余家。越秀区委、区政府高度重视社会信用体系建设工作，坚持高位统筹、高标准谋划、高水平推进，把社会信用体系建设列入区委常委会年度工作要点，列为区全面深化改革和优化营商环境的重要工作举措。率先建立"信用越秀"区级信用信息共享平台、出台区级联合奖惩实施意见和配套制度、组建信用工作专门科室机构、完成更新调整"双公示"数据归集标准、探索开展分类分级精准监管、初步构建形成以信用为基础的新型监管机制。

信用信息公开是越秀区社会信用体系建设的基础保障，在《越秀区社会信用体系建设规划（2014—2020）》的顶层设计中，明确提出信用信息公开的目标任务：逐步建立健全信用法规制度和标准规范体系，强化对信用信息采集、记录、建档、整合、共享、公布和使用等全过程的管理，加强信用信息系统安全保护，规范发展有序信用服务市场，切实维护信用信息安全和信用主体合法权益。经过不断努力，越秀区以"信用越秀"为依托，打通各部门信用信息壁垒，实现区内公共信用信息归集共享，为实现企业分类分级精准监管、打造信用便企惠民服务提供了有力保障。

二 主要举措与成效

(一) 完善信用信息制度体系和人才储备

1. 健全公共信用信息管理制度

结合各部门实际工作需要,越秀区率先制定印发《广州市越秀区公共信用信息修复工作指引》《广州市越秀区公共信用信息异议处理工作指引》《广州市越秀区联合奖惩数据和典型案例归集工作规定》等3份公共信用信息配套管理制度,提出公共信用信息管理的具体工作要求,有效界定了公共信用信息管理的工作内容,明确了各部门的职责和分工,指导企业申请公共信用信息信用修复所需材料及流程。

2. 探索行政处罚信息信用修复机制

近年来,国家已发布联合奖惩合作备忘录50余份,奖惩措施累计已达1200余条,企业失信后在取得政府供应土地、工程项目招投标、融资授信、参与政府采购等方面普遍受到限制,失信主体对信用修复的需求趋势日益上升。信用修复,即失信市场主体在规定期限内纠正失信行为、消除不良影响的,可通过做出信用承诺、完成信用整改、通过信用核查、接受专题培训、提交信用报告等方式开展信用修复。探索建立信用修复机制,是加快构建以信用为基础的新型监管机制的重要内容。

2019年7月12日,市发展改革委确立越秀区为广州市开展涉及严重失信行为的行政处罚信息修复和信用修复专题培训工作试点,是广州市唯一试点开展涉及严重失信行为的行政处罚信息修复和信用修复专题培训工作的区。为确保高质量完成试点任务,越秀区随即制定出台《越秀区信用修复试点工作方案》,明确了4个方面16项具体工作任务。结合国家最新政策要求,在原有工作指引基础上,越秀区制定印发《越秀区行政处罚信息信用修复实施细则(暂行)》,编制了《越秀区企业信用修复服务指南》。越秀区以此为契机形成了信用修复"公益性与市场化结合、线上与线下同步受理"的"越秀模式",被纳入广州市营商环境改革先进经验在全市复制推广,并且在广州市社会科学院和南方都市报社组织的"打造数字政府 共建活力湾区 推动现代化国际化营商环境出新出彩"学术研讨会上被评为粤港澳大湾区主要城市营商环境改革创新获奖优秀案例之一。

一是健全"一单两库一细则"。梳理《越秀区行政处罚事项清单》，明确全区24个单位应归集公示行政处罚事项2249项；建立信用修复重点关注名单库，将1753家企业列入重点关注名单；在全市组建首个社会信用体系建设专家库；制定印发《越秀区行政处罚信息信用修复实施细则（暂行）》。

二是首创公益性与市场化相结合的培训形式。参加专题培训是涉及严重失信行为的失信主体申请信用修复的必备条件之一，为了充分满足失信主体参与培训的需求，越秀区创造性提出了公益性与市场化相结合的工作思路。一方面，由区信用办牵头，会同行政处罚认定部门和具有培训资质的信用服务机构等，定期组织公益性信用修复专题培训，统一印制教材、统一组织考试、统一培训形式、统一出具培训证明、统一参加人员要求，2019年8月27日成功举办首期公益性信用修复专题培训，37家失信企业主动报名参加培训并全部通过考试。另一方面支持和鼓励具有资质的信用服务机构进驻越秀区，失信主体也可根据自身需求，通过市场化形式选择信用服务机构参加培训。

三是建立线上与线下修复双渠道。经国家公共信用信息中心同意，2019年9月2日在越秀区政务服务中心开设了广东省第三个、广州市首个信用修复现场受理网点，由工作人员现场指导办理，并提供相关政策咨询服务。截至目前，已为200余家企业进行服务指导。同时，充分依托行业商会协会、商务楼宇管理方，针对不同领域的600余家商事主体组织信用修复专题宣讲10余次，详细解读信用政策以及失信可能带来的严重影响，引导失信主体参照信用修复服务指南，通过"信用中国"网在线提交信用修复申请材料。

3. 汇聚信用服务的强大合力

充分利用高等院校、信用服务机构专业的资源优势和人才储备，鼓励和支持优质的信用服务机构入驻越秀区，为企业选择市场化信用修复培训和出具信用报告提供便捷的服务渠道，进一步激发信用服务行业的市场活力。越秀区已与北京、深圳、佛山等地区的近10家优质信用服务机构对接洽谈，其中联合信用管理有限公司、广东德信行信用信息管理有限公司已正式入驻越秀区。同时与全国应用型高校信用管理专业本科排名第一的广东金融学院信用管理学院签订合作框架协议，在健全社会信用体系、重点领域课题研究、信用建设学术研讨、优秀人才培养、信用状况调研、志愿服务活动等7个方面达成合作意向。

（二）优化提升信用信息归集

1. 大力推行"双公示"工作

越秀区在全市率先完成更新调整行政许可和行政处罚等信用信息数据归集公示标准，邀请市信息化服务中心对全区具有行政许可和行政处罚职能的24个部门52名业务科室主要负责人和业务骨干进行培训。解读"双公示"政策和相关工作要求，指出目前工作存在的问题和解决问题的建议；详细解读广州市公共信用信息管理系统操作演示、数据标准介绍、信息查询与应用，提高了"双公示"信息报送质量和效率，为实现行政处罚数据及时、准确、全面归集提供了有力保障。截至2020年1月，越秀区依托广州市公共信用信息管理系统，依法公示信息52204条，其中行政许可信息48643条，行政处罚信息3561条；核对校验900余条错误数据。

2. 优化"信用越秀"信用信息公示平台

"信用越秀"专栏重新划分为守信数据、失信数据、双公示数据三大类共20个主题数据，并提供信用信息分类查询功能。其中守信数据包括纳税信用A级名单、遵守行业协会承诺模范企业名单、海关高级认证企业名单（海关总署）；失信数据包括建筑行业企业不良行为信息（信用黑榜）、区国有租赁逾期公告企业名单、裁判文书、限制消费人员、国家联合奖惩合作备忘录、越秀法院失信被执行人名单（法人及其他组织）、越秀法院失信被执行人名单（自然人）企业信用信息、经营异常名录、严重违法失信企业名单、越秀区拖欠农民工工资黑名单、统计上严重失信企业汇总表（国家统计局）、海关失信认证企业名单（海关总署）、重大税收违法案件当事人名单（税务总局）、市场禁入（证监会）、严重质量失信企业名单（质检总局）、安全生产黑名单（安监总局）；双公示数据包括：双公示行政处罚汇总信息和双公示行政许可汇总信息。共发布区级公共信用信息数据207.37万条。

3. 建立企业政务信用评级系统

构建企业信用大数据分析平台，建立企业信用档案，开展企业政务信用评级，实施分类分级精准管理，对全面推进社会信用体系建设和营造法治化国际化的营商环境具有极其重要的意义。

越秀区企业政务信用评级系统利用大数据的分析思路，对区数据中心和第三方提供的企业基础数据、信用数据进行分析、挖掘、建模，计算出企业的规模、人员素质、经营状况、创新能力、合规程度、社会影响力等，设置25项加分和扣分指标，广泛运用公共信用数据、第三方信用评价数据、行业协会商会信用数据，通过大数据平台系统分析，形成科学完善的指标体系，采取定量分析法和定性分析法相结合的综合分析方式，企业以65分为初始分，按综合分数评定A、B1、B2、C、D 5个政务信用等级，其中A级企业4680家、B1级企业10625家、B2级企业21957家、C级企业67387家、D级企业5169家。形成详细的信用分析报告，涵盖企业基本信息、单位参保信息、股东信息、年报信息、异常经营信息、违法信息和其他荣誉信息等。系统中还以全区18个街道为单位，嵌入"越秀区企业分布图""街道企业统计图""街道信用统计排名"等模块，方便各职能部门和街道准确掌握企业分布情况和发展趋势，为政府决策和经济宏观调控提供有效的信息来源及数据支撑，实现各部门对企业进行精准分类分级，对评级较高的企业可在26项许可事项中容缺受理，对违法失信高发、易发领域"对症下药""靶向治理"。

（三）拓宽信用信息的应用场景

1. 首创"信用管家"便企服务新模式

楼宇是城区经济发展的重要载体，越秀区现有商务楼宇300多栋，为充分发挥中心城区楼宇经济发达的优势，不断强化加强重点商务楼宇诚信建设，越秀区出台全国首个按照联盟技术规范制定的《星级商务楼宇评定标准》，设立59个指标项，将商务楼宇划分为五星、四星、三星等3个等级，给予楼宇业主或运营主体一次性奖励。2019年10月，区发展和改革局同区商务局联合印发《广州市越秀区星级商务楼宇"信用管家"实施工作方案》，探索形成政府引导、楼宇共建、信用服务机构参与的信用便企服务新模式，全面提升楼宇信用水平，建立预防失信行为发生的长效机制。从多家优质第三方信用服务机构业务骨干中选聘首批7名信用管家，免费提供信用咨询、培训讲座、信用风险讯息推送等8项公益性服务内容以及出具信用报告、信用评估等5项市场化服务事项，建立24小时内服务响应机制，在楼宇显要位置设置信用管家公示牌，通过LED、电视等滚动播放信用管家入驻信息和相关服务内容，由楼宇"信用管家"结合入驻企业的不同业态和实际需求，对首批试点的珠江国际大厦、广东国际大厦、江湾新城等7栋星级商务楼宇组织信用知识专题讲座，并通过发放信用宣传读本等多种形式广泛宣传信用基础知识和信用政策，为商务楼宇企业提供"宣传到楼、服务到楼"的信用服务，切实提高商务楼宇企业"知信、用信、守信"意识。

2. 深入推进联合奖惩

越秀区深入推进失信被执行人联合惩戒，将3.2万余条失信被执行人信用信息嵌入区数据中心，明确11个部门25项惩戒措施，2019年以来，4729名失信被执行人主动履行法定义务后退出黑名单，7739名主动申请解除限制高消费及有关消费措施。突出金融信用监管，打造全国首个数字普惠金融监管试验区和全国首个数字金融协同治理中心，为小微企业和低收入者累计提供融资服务超2000万次，融资服务发生额达5000亿元，开展全省首个小额贷款公司监管评级试点，探索"互联网+"监管模式，打造非现场监管平台3.0版，构建金融领域"6+4"监管评级体系，实现与入驻企业业务系统数据对接，配置风险地图、数据可视化演示、基础数据的信息化管理和业务数据的深层挖掘等功能模块；与人民银行征信中心广东省分中心签署《征信合作备忘录》，助力金融机构做好风险防控，实现重大地方金融风险零报告。

3. 探索经营者准入前诚信教育

《国务院办公厅关于加快推进社会信用体系建设　构建以信用为基础的新型监管机制的指导意见》（国办发〔2019〕35号）明确提出探索开展经营者准入前诚信教育。结合目前社会信用体系建设政策要求，越秀区通过对市场主体的调研座谈，广泛征集市场主体对信用知识的热点需求，系统梳理市场主体在经营活动中可能存在的失信风险，编制《广州市越秀区商事主体诚信教育读本》《企业信用知识十问十答》等宣传教育资料，协调区市场监管局、区政务服务数据管理局等部门，自12月9日起，在越秀区政务服务中心及18个街道工商登记服务窗口设立取阅点、市场主体在登记注册窗口办理市场主体注册、审批、备案等相关业务时可免费取阅，同时"下街道、进社区"举办企业诚信讲座等活动，免费派发诚信教育宣传资料，实现经营者准入前诚信教育区域全覆盖，促进社会公众对信用的认知度，增强市场主体守法经营、诚信经营的自觉性，规范了经营行为，纯化了社会经营环境。

4. 推广医疗卫生领域"信用二维码"

针对医疗机构高度集中、监管手段单一、监管靶向不够精准的实际情况，越秀区以医疗机构依法执业信用信息公示为切入点，加快推进医疗卫生领域诚信体系建设，加大医疗卫生领域信用监管力度，创新构建医疗机构自治、行业自律、政府监管、社会监督的四位一体综合监管新模式。率先依托广州市公共信用信息管理系统建立医疗卫生领域企业主体信用档案，先行在美容整形、口腔眼科等专科医疗机构中选取100家企业作为试点，统一制作信用档案二维码公示牌，统一在导诊咨询台显要位置公示，患者就医问诊时用手机扫码即可准确查询医疗机构的基本信息、监管信息、失信行为等，从而根据二维码公示信息选择是否在该医疗机构就医。开展医疗卫生领域"信用二维码"查询工作，有助于解决患者与医疗机构信息不对称问题，有效保障患者知情权、选择权；有助于促进医疗机构良性竞争，"信用二维码"的展示相当于每一名患者都是一名监督员，从而形成强大的社会监督力量约束监督医疗机构诚信守法经营，促进其建立自我约束机制；有助于提升医疗卫生监督执法工作透明度，强化社会监督，提高医疗卫生监管水平，为推动医疗卫生治理体系和治理能力现代化开展有益探索。

5. 创建北京路诚信示范街

北京路商业步行街作为国家AAAA级旅游景区、世界优秀旅游目的地，是展示越秀文明形象的重要窗口，北京路文化核心区管理委员会、北京街道办事处联合北京街道商会，以全国步行街改造提升试点和创建国家级文化产业示范园区为契机，通过组织"北京路商圈诚信经营示范店"评选、"践行价值观，诚信我先行"活动等，积极引导商户共创诚信经营的良好氛围，让重信守诺成为北京街商业文化的鲜明特色，同时委托第三方信用服务机构，研究制定北京路诚信示范街建设方案，为商户建立诚信档案，运用"二维码+互联网+信用监管"的模式，国内外游客在北京街观光购物时，可以通过"二维码"查询商户的信用状况，对商家的商品品质、服务态度等做出评价，再通过大数据分析评定不同信用等级的诚信商户，逐步形成政府引导、商会参与、行业自律、社会监督的监管机制，以点带面、以面带全，以北京街为中心逐步向四周辐射并在其他街区进行复制推广。

6. 建立专业市场诚信服务平台

按照"政府推动，社会共建，行业自律"的原则，人民街与海味干果行业商会共同打造了广州市首个专业市场诚信平台——一德诚信平台，纳入平台监管商家总数2100余家，全面覆盖一德路14个专业批发市场，市民在购物过程中通过扫描统一印制商品标签上的二维码即可以查询商家信用状况和食品溯源信息，同时开通微信公众号，全景展示一德商圈诚信体系建设成果，推送相关文章超过300篇次，总浏览量30万人次，接受消费者及商家咨询累计5000人次。另外，由行业协会、商会牵头，建立企业诚信评分体系，设置企业基本情况、诚信经营能力、服务管理能力、投诉处罚情况等4个方面12项评分指标，对涉及质量、安全等重大事故、媒体曝光、严重违法的商家，列入诚信曝光台并进行一票否决，每年底组织诚信评定，划分5个诚信星级，对四星级、五星级的企业进行授牌，并在微信平台进行公示，消费者可以在各商场或者微信平台实时查询企业诚信等级，对诚信星级高的商家在开辟"绿色通道"和审批提速，优先提供公共服务便利，优化行政监管安排，积极向市场和社会推介，对失信的市场主体，依法依规实施市场性、行业性、社会性约束和惩戒措施，大幅提高失信成本，形成事前"源头可溯、风险可控"、事后"去向可查、责任可究"的全链条闭环监管。

三 存在问题

（一）信用信息归集不全

行政许可和行政处罚数据是公共信用信息的主要组成部分，同时也是开展信用评级、分类分级监管的重要保障。目前越秀区"双公示"数据主要通过广州市公共信用信息管理系统上传至信用广州网，再以数据抓取的形式将全市涉及越秀区的数据返还至越秀区信息网"信用越秀"专栏中进行公示，但从工作实际来看，一方面各部门从事数据归集工作的人员多为兼职人员，人员调整变化较大，容易产生工作断层；另一方面前期并未明确对行政处罚数据的分类界定，部分小微处罚通过系统上传后，被直接认定为失信行为，且修复程序较为复杂，对企业参与政府采购、招投标产生了较大的影响，引起了企业对行政处罚决定部门的投诉和质疑。

（二）数据归集系统错综复杂

目前，市场监管部门要求在全国企业信用信息公示系统归集数据，税务、法院等都分别构建独立的数据归集系统，近期省市司法部门要求将行政执法信息上传至广东省行政执法信息公示平台，虽然部分系统已实现与"信用广东""信用广州"的数据共享，但基本采用数据打包传送的共享形式，并未开通与市公共信用信息管理系统的端口对接，在共享过程中存在着一定的时间差。且各个系统归集标准不尽相同，职能部门甚至面临同一条数据需要在不同的系统中录入的情况，增加了不小的工作量和工作难度，也加大了推进"双公示"工作的难度。

四 未来展望

下一步，越秀区将争取广东省、广州市信用办同意并大力支持越秀区开展信用服务试点示范，创建国家和省级信用服务创新试验区。切实发挥社会信用体系建设专家库的智囊作用，开展信用信息前沿理论及实践研究，统筹编制新一期社会信用体系建设发展规划纲要，将强化信用信息归集作为社会信用体系建设重点突破的方向，打通部门间信息壁垒，融入第三方信用评价数据、行业协会商会信用数据等，形成科学完善的信用评价指标体系，加大各部门信用工作培训，进一步细化信用信息归集公示要求。加快形成成熟的联合奖惩制度体系，严格规范信用修复各个环节，充分引导企业提高信用意识，努力营造良好的诚信社会氛围。

越秀区义务教育政府信息公开工作调研报告

广州市越秀区教育局[*]

摘　要：越秀区文化底蕴深厚，名校名园众多，是全国基础教育综合实力强区。越秀区义务教育政务公开工作坚持"以公开为常态、不公开为例外"，探索构建工作共同体、规范工作文件袋、理顺工作服务单，夯实信息公开工作基础，通过健全制度、拓宽渠道，强化工作的价值属性，形成了立体化、规范化、便民化的义务教育信息公开工作格局。今后，越秀区将着力做好信息公开的内容建设，加强标准化、规范化和宣传解读，提高工作效率，为打造阳光政府奠定基础。

关键词：义务教育；政府信息公开；政务公开

一　越秀教育概况

越秀自古"崇文重教"，文化底蕴深厚，区内名校名园众多，辖内共有区属公办小学 50 所，中学 17 所，九年一贯制学校 3 所，十二年一贯制学校 1 所，特殊学校 2 所，幼儿园 20 所。其中百年老校（园）12 所，示范性高中 7 所。在校中小学生 12 万余人，在园幼儿 3 万余人，学校教职工共计 1.4 万余人。越秀区以"办人民满意的教

---

[*] 课题组负责人：危淑玲，广州市越秀区教育局党组副书记、二级调研员。课题组成员：方雄杰、吴明超。执笔人：吴明超，广州市越秀区教育局一级科员。

育"为宗旨，以"教育优先"理念全力打造"学在越秀"品牌，坚持改革创新，加大教育投入，提升教育质量，形成了学前教育普及化、义务教育均衡化、高中教育优质化、职业教育特色化、成人教育终身化的大教育格局，走出了一条规模与内涵兼顾、优质与均衡并重的区域教育现代化之路，先后被评为全国区域教育发展特色示范区、教育部教育管理信息化标准应用示范区、广东省推进教育现代化先进区、全省首个"广东省教育综合改革实验区"、全省首批"全国义务教育发展基本均衡区"。

"十三五"期间，越秀区将进一步深化教育综合改革，通过打造"新优质、新优势"、擦亮"学在越秀，成在人生"的品牌，建立与国家重要中心城市核心区相匹配的教育发展体系，全面提升区域教育现代化水平，跃领成为广州乃至广东（南方）教育高地中的制高点，教育综合实力引领区域发展。

二 义务教育政务公开工作举措

（一）夯实基础，健全工作管理制度

强化组织领导和部门协同，构建工作共同体。根据区政务公开工作领导小组的组织架构，成立越秀区教育局政务公开工作领导小组，由区领导小组成员担任组长，全面负责义务教育信息公开工作。局办公室为政务公开工作牵头部门，统筹推进政务公开工作，对接上级部门和负责政务公开的日常管理，各业务科室为各项工作具体责任部门，负责各自业务领域的具体政府信息的制作、解释和管理，教育信息中心作为技术支撑机构，提供"互联网＋"等的技术支持。

编制公开目录和制度文件，规范工作文件袋。制定印发越秀区教育局政务公开工作要点、越秀区教育局发文挂网管理规范、政府信息公开指南、信息公开年度报告等系列文件。一是健全信息审核发布、信息报送、保密审查等工作推进机制；二是明晰各部门工作职责，提高部门协作效率。参照市、区目录，编制并发布越秀区教育局信息公开目录，并对目录进行定期审查，动态管理。坚持"以公开为常态、不公开为例

外",定性为主动公开的文件主动上网、主动发布。

发布政务事项和权责清单,理顺工作服务单。按照部门职能划分,梳理越秀区教育局政务服务事项,建立部门权责清单,对事项进行标准化、信息化管理,推进事项服务"上网入厅",为办事群众提供详细、清晰的服务指引,推行"一次办成"服务效率。同时对事项清单进行动态管理、定期发布,做到按时更新。建立首问负责的工作制,首问必复、有问必答。

(二)重点突破,积极拓宽公开渠道

注重发布渠道建设,提升信息公开的时效,信息发布贵在及时。越秀区作为教育信息化发展的传统强区,一贯重视信息化建设。充分利用好公示栏、公告栏等传统信息公开方式的同时,借助"互联网+"技术,构建互联网信息发布渠道,在既有信息发布基础上形成线上线下相结合的渠道格局。加强与电视、报纸等权威媒体机构合作,共享义务教育信息,及时发布。积极开通自媒体平台,拓宽公开渠道,借助新闻媒体的同时,充分利用好第三方平台,及时迅速公开教育信息。全方位媒体介入有助于及时、准确将信息发布或推送给广大群众。

注重发布内容建设,提升信息公开的"两度"。信息内容的公开既要有强度也要有深度,着力推进决策、执行、管理、服务和结果"五公开"。一是积极梳理公开目录,确保公开目录分类科学、范围广泛,做到"应公开、尽公开、早公开"。二是公开重点关切信息,把社会反映强烈、群众最关心的、社会最敏感的热点问题作为公开的重点内容。三是采用浅显易懂的形式组织和呈现信息内容,加强政策信息的解读,加强服务事项等的标准化建设,加强信息发布后与群众的互动沟通,及时解答。

注重发布工作监督,推动信息公开的"三定"。办公室统筹信息公开工作,按照工作要点分工,定时督促发布信息,定期统计发布信息情况,定期向全局各部门反馈公开情况。加强信息公开的内部监督,既保证信息能够及时公开、准确公开,也要确保信息公开的质量,还要严格检查公开信息的安全性。

（三）因事制宜，打造基层工作亮色

教育系统一盘棋，推动学校法制工作。以局机关政务公开建设带动教育系统学校校务公开，继而推进依法治校工作。加强学校章程和内部管理制度建设，规范章程制定、修订、执行、备案程序，中小学校基本做到"校校有章程，一校一章程"，初步建立了科学、民主、人本、高效、开放现代的学校组织制度。强化学校和师生依章程自主管理意识。截至 2019 年底，越秀区公办中小学已全部通过区依法治校示范校评估，全区公办中小学已全部被评为区依法治校示范校，其中 29 所学校被评为市依法治校示范校，18 所学校被评为省依法治校示范校。目前创建工作正有序向民办学校、职业学校推进。

从实际需要出发，创新工作方式方法。越秀区是广州市典型的老城区，人口密度和经济密度非常大，优质义务教育资源集聚，供需矛盾较为突出，导致招生入学等政策的相对复杂。每年招生季，越秀区教育局设置专门团队接待来访咨询，联合辖区内学校进行政策宣传、解答。与此同时，摆摊设点进街入巷，走进群众里面对面解答和指引。针对较为复杂的情况，特别进行个案登记、建档，全程跟踪、专业指导。

三 工作成效

（一）公开渠道立体化

经过多年发展，越秀区义务教育信息公开形成了线下与线上结合，网站平台与新媒体互补，自媒体平台与第三方媒体协作的多元化载体的信息发布格局。一是强化越秀教育专栏的信息公开的主平台作用。原越秀教育网已经成为越秀区发布权威教育信息的第一平台，集约化管理前总访问量达到 3000 万人次，2017 年集约化管理后，在越秀区政府门户网站专门开设越秀教育专栏，在延续原有越秀教育网风格的基础上，进一步细化栏目设置，目前已经形成 4 个大栏目 21 个子栏目，发布内容涵盖越秀教育改革信息、入学招生、招聘，行政执法、审批服务，财政预决算等各类政府信息。二是加大政务新媒体平台建设，积极开通"广

州越秀教育"新浪微博、"越秀教育"微信公众号平台,微博粉丝数突破8400人,微信公众号订阅数15000个。构建"内容+技术"的日常管理队伍,成为信息发布的新渠道。越秀区正在推进政务新媒体集约化工作,继续主动对接区政务新媒体部门,借助区级平台扩大教育信息公开的覆盖面。三是继续与第三媒体机构进行信息共享,第一时间授权信息发布。在群众关注的招生季和开学季,针对性利用新闻媒体就招生工作中群众遇到的特殊和复杂情况予以解答。

(二) 公开制度规范化

制定《越秀区教育局办公室关于进一步完善发文管理工作的通知》,规范文件出文制度,要求界定文件公开形式,对于主动公开的文件,要求三日内同步挂网公开。建立文件挂网保密审核制度。加强行政审批标准化建设,实现100%行政审批事项进入网上办事大厅,公开各事项的受理条件、申请材料、办理地点、办理流程、办理方式等要素。编制、公开越秀区教育局权责清单,落实完善"双随机一公开",提高公共服务效率。编制印发《越秀区教育局政务公开工作要点》,涉及四大方面梳理出公开事项,共梳理出公开事项26项,覆盖教育各个领域。

(三) 公开信息广覆盖

1. 主动公开招生入学信息

及时公开义务教育供给相关信息,是促进更加公平更有质量义务教育的必然要求。越秀区坚持"以公开为常态、不公开为例外"的原则,全面公开义务教育阶段各项信息。招生入学信息公开是重点,从小学一年级新生入学划片登记范围、招生方案、范围、程序、条件、结果,初中生招生办法、体育和艺术特长生招生办法、小升初返区生报读办法,小升初电脑派位方法及结果、来穗人员及港澳居民随迁子女入学办法、入学流程、证件要求和办理方式等,全程公开,并同时延伸至幼儿园招生政策、区属公办幼儿园现场摇号及摇号结果全面公开,通过多个渠道立体化发布信息,并邀请媒体大力宣传。

2. 主动公开教育机构名单

在越秀教育网主动公开广受关注的教育机构名单,区属公办幼儿园、普惠性民办幼儿园名单，辖内小学名单、中学名单、特殊教育名单全面公开。同时，校外培训机构"有证有照"名单定期公示，连续多年对全区民办学校进行年检公开，2018年度全区154所民办学校参加年检。

3. 主动公开教育资助信息

公开教育资助信息，学前资助、义务教育阶段资助、普高资助、中职资助、建档立卡学生免学费和生活费补助、生源地助学贷款等各项资助工作政策均在越秀教育网上公开。同时，在区内各学校开展全区统一宣讲会进行学生资助政策宣传，并利用一封信、宣传手册各种方式按学段向学生进行资助政策宣传，效果显著。以2018年为例，越秀区普高享受免费教育人数共79人，接受国家助学金70人；中职学校享受免费教育人数共556人，接受国家助学金100人；学前资助共7940人次。

4. 主动公开教育收费项目

在越秀信息网教育服务页面开设教育收费专栏，主动公开教育收费有关政策文件，区属各类学校如公办幼儿园、各级小学、中学等收费项目、收费标准、收费依据，确保教育收费公开透明。

5. 主动公开教师管理信息

在越秀教育网等平台公开教师管理信息，如教师招聘公告、拟聘人员公示、教师资格认定、职称评审、民办教师和代课教师津贴、生活补助信息等，主动接受社会监督。

（四）政策解读多样化

越秀区义务教育工作受到社会广泛关注。以2019年义务教育招生工作为例，为及时准确传递政策意图，方便群众办事，一方面通过编制详细、清晰、鲜活的政策解读材料，如图文结合、招生问答、表格、宣传册等形式，利用"互联网+媒体"，在越秀信息网、越秀教育专栏、微信公众号等平台扩大政策宣传解读的覆盖面；另一方面通过邀请媒体采访、举办新闻发布会、新闻通气会等广泛宣传解读，部分政策受到中央媒体新华网、人民网、中新网、中央广电总台的关注报道，广东电视台新闻联播、广州电视台等地方主流媒体进行了专门采访，并于节目黄金档播出，新浪网、搜狐网等大众媒体平台进行转载，媒体宣传取得良好的效果。同时，越秀区教育局针对招生工作设置接待室由专人负责接待，面对面解答群众的咨询，联动辖区内学校及时进行政策宣传、解答。

（五）教育服务便民化

优化教育行政审批管理和服务，清理行政许可事项"开办外籍人员子女学校审批"，承接市下放行政许可"社会力量举办非学历教育机构审批"事项中的非学历高中阶段教育机构和非学历高等教育机构（含专修、培训、进修学院）审批。积极推进广东省政务服务标准化，动态调整行政权力事项和政务服务事项目录清单，保留行政权力事项63项，公共服务事项3项，梳理更新事项信息，优化精简政务服务办理，积极推进一门办理、一窗办理、可网办和可移动办理、压减办结时限等便民措施，推进审批服务便民化。落实完善"双随机一公开"，梳理随机抽查事项1项，更新"双随机一公开"事项一单两库信息。统计并依法公开行政执法数据，2019年度受理行政许可616宗，实施行政检查292次，支付行政罚款458.854万元，实施行政奖励1次，其他行政执法行为18864宗。

四 展望

（一）继续加强政府信息公开制度建设工作

基层政府信息工作是政务公开工作的"最后一公里"，基层公开水平直接影响群众对政务公开的获得感。越秀区教育局将继续坚持"以公开为常态、不公开为例外"，贯彻落实新修订的《政府信息公开条例》及相关文件精神，健全政府信息公开管理机制，以公开促进政府工作提效，构建政民互动快车道。一是继续做好信息公开的内容建设。一方面，加大政府信息的公开量，重点完善教育领域决策、执行、管理、服务、结果等五公开信息的公开，重点关注群众高度关切的教育工作事项。另一方面，加强政府信息公开属性源头管理，严格进行信息公开保密审查，不得公开涉密信息，法律、行政法规禁止公开的政府信息，做到安全公开。二是加大政府信息公开平台的建设。继续拓宽政府信息公开渠道的建设，"两微一网"信息发布主阵地，加强新闻媒体宣传解读力度，优化线上线下信息发布网络。推进政务服务平台建设，配合上级部门"一网、一窗、一门"的数字政府平台建设，教育审批事项全部上网，让群众少跑路、让数据多跑动。三是凝心聚力加强公开工作队伍建设，成立公开工作专门队伍，加强信息公开工作专业性培训，提高法治政府建设思想认识，增强信息公开工作专业素质。

（二）推进义务教育信息公开标准化、规范化建设

2019年，教育部印发《义务教育基层领域基层政务公开标准指引》，明确指出义务教育领域基层政务公开标准目录包含政策文件、教育概况、民办学校信息、财务信息、招生管理、学生管理、教师管理、重要政策执行情况、教育督导公开以及校园安全等10个一级事项。从越秀区义务教育领域政府信息公开的情况来看，越秀区基本做到一级事项全覆盖，充分保证了信息公开的广度，但信息公开的深度稍显不足。因地处中心城区的特殊性，作为传统的教育强区，越秀区义务教育招生管理工作公开难度大、范围广，一方面要满足群众大量的招生信息需求，另一方面要对社会重大关切进行及时回应。同时，除招生信息外的其他事项公开力度存在参差不齐，信息内容稍显零碎，缺少标准化梳理等问题，需要结合越秀区教育实际情况，进一步完善信息公开的标准化建设，明确政府信息公开的重点和要点，减少信息公开的随意性。

下一步，越秀区教育局将围绕教育领域政务工作要求，加大推进公开标准化和规范化建设。一是对标对表按照文件指引设置公开详细目录，做到义务教育领域基层政务公开标准目录10个一级事项、34个二级事项覆盖。二是不折不扣严格落实政府信息公开的操作规范，按照"谁起草、谁预判、谁解读"原则，根据上级部门的公开标准和规范，制定工作任务要点，建立推进策略，提高工作效率，确保常态信息及时公开，敏感信息重点公开。

（三）进一步提升政策宣传解读水平

越秀区对教育政策的解读工作非常重视，按照"谁起草、谁解读"

的原则,由参与制定政策的专业人员对政策进行解读,政策文件与解读材料同步完成。但是,目前仍存在一些不足:一是书面解读能力相对弱于当面咨询解答,而书面解读材料多侧重于政策内容的转述,以文字形式为主,在内容组织上缺乏生动性。二是缺乏更加专业灵活的呈现手段。有些政策内容较为复杂,专业用词较多,解读材料的组织难度较大,群众理解起来较为困难,最终往往仍要依赖面对面答疑。

越秀区教育局将针对政策解读薄弱环节,着力改进提升。一是加强政策宣传解读的及时性,坚持重要政策文件与解读方案同步组织、同步部署,及时对外公开。二是提高解读材料的呈现质量,一方面是增强解读材料的易读性、易懂性,达到形象化、通俗化的解读呈现,另一方面借助新闻媒体、自媒体等,优化宣传解读的组织方式,促进新闻发布会、新闻通气会、图解视频等多种形式常态化。

借力政务公开、构建食品安全共治共享新格局

广州市越秀区市场监督管理局[*]

摘　要：广州市越秀区以创建国家食品安全示范城市为契机，围绕食品安全领域政务公开的现实需求，通过大力实施食品安全战略，坚持突出群众需求及社会关注，深化普及食品安全知识及相关法律法规，丰富食品科普宣传形式，扩大辐射效应，努力营造人人关注、支持、参与食品安全工作的良好氛围。经过探索实践，越秀区食品安全信息公开水平显著提高，有效推动构建全区食品安全社会共治共享工作格局，使全区食品安全领域政务公开工作进入新常态，取得新成效。

关键词："国家食品安全示范城市"；政务公开；共治共享

为督促落实食品安全党政同责和"四个最严"，鼓励地方政府发挥首创精神，探索食品安全治理制度方法，示范带动全国食品安全治理水平提升，国务院食品安全委员会办公室于2014年部署开展国家食品安全示范城市创建行动。根据《国务院食品安全办关于扩大食品安全城市创建工作试点范围的通知》，广州市被列为国家食品安全城市创建试点市。为认真贯彻落实党中央、国务院和省委、省政府、市委、市政府关于加强食品安全监管工作的部署，以城市食品安全为突破口，以广州创建国家食品安全示范城市为契机，越秀区委区政府于2016年谋划"食

---

[*] 课题组负责人：陈英海，广州市越秀区市场监督管理局总工程师；课题组成员：蔡茵、杨雪、邹文峰。执笔人：邹文峰，广州市越秀区市场监督管理局综合规划科一级科员。

品安全示范区"战略目标并于当年正式启动创建工作,着力推动食品安全领域持续深化改革,探索食品安全监管新机制,推进食品安全治理体系和治理能力现代化。示范区创建工作中,具体到食品安全领域政务公开制度建设,越秀区以食品安全信息公开和宣传教育作为实现政务公开共治共享的重要抓手,实现以政务公开助力示范区建设、以示范区建设推动政务公开的双重目的。经过探索实践,越秀区建成并高效运行全省首家政府自主建设的"食品药品真假鉴别与宣教基地",打造宣教基地惠民品牌作为广东省、广州市创建"国家食品安全示范城市"工作成果被选入全国食品安全"双安双创"成果展,食品安全领域的政务公开建设与示范区建设相得益彰、协同发力。

一 食品安全领域政务公开兼具"国家食品安全示范城市"创建的内在要求与政治意义

中共中央办公厅、国务院办公厅 2016 年印发《关于全面推进政务公开工作的意见》,明确要求推进重点领域信息公开。国务院食安办印发的《国家食品安全示范城市标准》第三十三项中规定,食品安全信息全面公开,食品安全监管部门建立并实施食品安全信息公开制度,市、县级食品安全监管部门及时、全面、准确发布行政许可、现场检查、抽样检验、监管执法、行政处罚等信息,做到标准公开、程序公开、结果公开。食品安全是个政治概念。无论是发达国家,还是发展中国家,食品安全都是企业和政府对社会最基本的责任和必须做出的承诺。食品安全信息公开是保障食品安全、降低社会成本的重要渠道。从预防意义上讲,食品相关信息公开,才可能使消费者做出理性选择,规避不安全因素;从事故处理意义上讲,相关信息公开,才可能使受害者与潜在受害者及时发现自己所处情境,按照信息中的指导做好自救措施和不安全食品的处理。目前,市场中的信息优势方为了获取更多的利益,利用隐瞒或虚构食品安全信息的不法手段,极易让消费者处于风险中。因此,政府部门向公众发布食品安全信息的这一行为有着不可替代的作用。

越秀区作为广州市的核心城区，党政军机关高度云集，商贸服务繁荣发达，在33.8平方公里的辖区内，有着116万常住居民和日均100万流动人员，密布近3万家食品生产经营单位，平均每平方公里约1000家，监管对象密度高、监管难度大，在广州市国家食品安全创建示范试点工作中承担着不可或缺的角色。因此，做好食品安全的信息公开与宣传教育工作，是解决好越秀食品安全监管难题、推动创建"国家食品安全示范城市"的先前条件。

二 "国家食品安全示范城市"建设背景下的食品安全领域政务公开的实践探索与成效展现

为落实党中央、国务院关于食品安全战略的决策部署和创建"国家食品安全示范城市"的基本要求，依托于政务公开框架下的政府信息公开制度建设要求，越秀区制定印发了《越秀区创建国家食品安全城市工作方案》《越秀区创建国家食品安全示范城市工作补充方案》《越秀区食品药品监督管理局创建国家食品安全城市工作方案》等文件，对食品安全领域的政务公开工作进行明确规定，将食品安全信息公开和宣传教育工作作为推动构建共治共享社会治理格局的重要一环。

（一）食品安全日常监管信息的公开

从我国现行食品安全法律法规体系来说，市场监管部门应当及时全面、准确地公开食品安全监管工作中的相关信息，从而维护公民、法人和其他组织的合法权益。其内容包括食品安全日常监管工作的特点、应当公开的食品安全日常监测计划实施情况、依照食品安全法规实施行政许可的情况、流通环节食品抽样检验最终结论以及专项检查整治情况、查处食品生产经营违法行为的情况、行政法规规定的其他食品安全日常监督管理信息等，应做到食品从生产、流通、使用全链条信息公开。《越秀区创建国家食品安全城市工作方案》中提出"建立健全食品安全信息发布制度"，要求定期依法公布抽检信息，及时发布权威信息、风险警示或消费提示，曝光违法违规行为。因此，越秀区在区政府门户网站开设食品药品安全专栏，涉及食品安全日常监管事项的子栏目有专项整治、信用信息、注销撤销、违法广告、安全消费、行政处罚信息等，成功构建了"以食品安全信息发布制度为建设目标、以政府门户网站为公开载体、以食品安全全链条监管信息为公开内容"的日常监管信息主动公开模式。2019年主动公开食品药品相关信息超过130条，其中行政许可、撤销类信息80余条，抽检信息10条，行政处罚、专项整治类信息10余条，做到信息发布数量和质量双提升。

（二）食品安全风险评估和风险预警信息

食品安全事故所导致的损害往往与人的生命、健康直接相关，具有不可恢复性。因此，食品安全风险评估和风险警示信息的及时公开就显得尤为重要。食品安全问题治理的首要目标就是"防患于未然"，市场监督管理部门要重点关注食源性疾病、食品污染、食品中的有害因素，对于可能具有较高程度安全风险的食品，应当采取应急措施，立即责令生产经营者采取整改、下架等措施主动消除安全隐患，并根据实际情况需要通过政府网站、新闻发布会等方式向社会发布食品安全风险警示，告诫消费者提高警惕，从而确保消费者的身体健康、生命安全和财产安全免受不必要的侵害。目前越秀区政府门户网站已开设食品安全信息公布专栏，已主动在政府信息公开网站发布食品安全消费警示类信息10余条，涵盖食品标签辨识、预防食物中毒、节假日消费提醒等方面内容。

（三）广泛汇聚食品安全工作群众智慧

一是及时主动公开辖区内年度食品安全重点工作安排，通过网络公示、信件及邮箱征询等方式广泛征集食品安全问题意见和建议。二是进一步完善信用体系建设，依法依规公布食品安全标准及法律法规、企业信用等级等事项和信息，对餐饮企业实施量化分级管理，目前已建立对全区餐饮服务食品安全量化分级管理A级单位的定期通报机制。对全区全面推进食品安全信用监管工作，100%建立企业信用档案，定期公示食品违法违规企业信息，加强人民群众对违法违规企业的舆论监督，加大对违法违规企业行为的震慑力度。三是畅通举报渠道，加大对制售假冒伪劣产品行为的曝光力度，借力调查问卷、座谈会、"暖企"行动、调研走访、执法回访等方式加强与行政相对人和社会各界人士的互动交流，主动听取社会群众的意见。四是积极做好区人大议案、政协提案办理，配合区人大、政协对食品安全的执法检查、监督评议等活动，充分发挥"两代表一委员"、食品安全专家、社会监督员等社会各方力量的监督建言作用，不断改进政务公开工作方式。五是积极与其他部门或企业平台开展合作，共建"网络订餐社会共治办公室""网络订餐快检平台实验室"，成立"越秀区校园食品安全社会共治办公室"，定期组织召开工作协调会，充分发挥民主监督作用，推动食品风险共同监测和靶向防范。

（四）创新食品安全宣教模式

秉承"监管为主、宣教先行"的理念，建成全省首家由政府自主建设运行的省级食品药品科普宣传基地——越秀区食品药品真假鉴别与宣教基地，目前收录展出生活中常见常用的食品真假样品1300余种，免费向市民提供70多个项目的食品快速检测服务，是集食品药品标本展示、真假鉴别、科普教育、人员培训、信息咨询、快速检测等多功能于一体的惠民工程。科学制订宣教计划，组织社区居民、中小学生、老年人、从业人员和机关事业单位人员到宣教基地参观学习，通过情景再现、真假比对等形式零距离科普真假鉴别常识，提高群众识别及自我防护能力。截至2019年，宣教基地共接待1062场44284人次参观学习（其中，学生278场14454人次，居民517场18593人次，机关团体单位及其他149场4778人次，四品一械从业人员118场次6459人次），派发资料近34万份，开展食品快检14454批次，其中群众送检6545批次。在全区设立18个大型食品安全宣传栏、222个社区专栏，根据岭南饮食生活特点和需求、不同季节防范食品安全事故要点等，定期更新食品安全宣传内容；广泛应用新闻媒体、网络平台、重要路段及重点区域LED屏、宣传专栏等平台形成全方位、多层次的立体宣传格局。

三 建议与展望

越秀区围绕创建"国家食品安全示范城市"进程中食品安全领域政务公开的实践探索表明,食品安全信息公开与宣传教育工作作为政务公开的重要组成部分,是市场监管部门保证人民群众知情权、参与权、表达权和监督权的有效手段,是深化食品安全战略的重要一环。但是当前还存在一些问题:政府主动发布的提供食品安全风险警示信息、对可能具有较高程度安全风险食品的消费信息公布不足等,食品安全政务公开专业人员配置不合理等。围绕深入推进食品安全领域政务公开建设,将着重从以下方面进行重点探索。

(一) 健全完善食品安全信息公开同步统一机制

从近年的实践摸索来看,食品安全信息公开工作主要由市场监督管理部门(原食品药品监督管理部门)负责,但是卫生监管等部门也肩负公布职能,容易造成信息的公开不同步、口径不一致等情况。建议区政务公开牵头部门明确食品安全领域政务公开工作的牵总部门,保持政府信息公开制度的相对稳定。同时,通过食品安全专项业务培训提升工作人员技能素养,打造专业化政务公开队伍。

(二) 增强申请公开与信息互动的力度

《中华人民共和国政府信息公开条例》中区分了政府主动信息公开和依申请公开信息两种类型,国务院办公厅也曾经颁布过《关于做好政府信息依申请公开工作的意见》,由此可见,依申请公开信息在政府信息公开中也扮演着重要的角色。实际情况是,自从食品监管职能划入市场监管部门之后,食品安全领域的投诉举报、政府信息依申请公开件数急速上升,已经逐步成为人民群众维护和实现知情权、监督权、参与权的一种重要手段,如何做好食品安全信息公开工作已成为各级监管部门必须面对的问题。从多年政府信息公开的实践来看,政府与社会民众在信息公开相关方面缺乏互动,回应性缺失,也是一个非常突出的问题。

建议在信息公开的政府与民众互动和及时回应方面做进一步探索。

(三) 逐步实现食品安全信息全链条公开

加大食品安全日常监管信息公开力度,探索建立食品安全日常监管信息公开制度,建议由上级市场监管部门统一制定食品安全日常监管信息范本,保证食品日常监管信息公开的统一性、科学性和有效性。强化食品生产的供应链信息公示管理,加大指导食品生产经营者公示食品来源信息力度。加强通过政府网站、网络、报刊、电视等便于公众知晓的方式向社会发布食品安全风险警示信息。

越秀区生态环境保护信息公开调研报告

广州市生态环境局越秀区分局[*]

摘　要：根据《中华人民共和国政府信息公开条例》，广州市生态环境局越秀区分局积极开展政务公开工作，在推进"数字政府"建设、转变政府工作职能、提升政府服务水平、提升政府工作透明度上持续发力，切实履行政务公开工作职责，进一步加强"网上办事"、重点领域环境信息主动公开、依申请公开等方面规范化、长效化，深入推动促进依法行政，助推法治政府建设提供重要保障。

关键词：政务公开；透明度；"数字政府"

一　背景与任务

按照国家、省、市、区有关政务公开工作的决策部署和具体要求，越秀区生态环境分局积极配合推进"数字政府"建设，梳理政务服务事项，进一步做好社会广泛关注的空气和水环境质量、建设项目环境影响评价、行政处罚和行政许可双公示、生态环境执法监察"双随机"抽查情况、政府办事指南等政府信息的公开工作。切实完善越秀区生态环境分局政务公开制度，进一步加大政务公开工作力度，在建立健全组织领导和完善工作机制、加强政务信息公开制度化规范化建设、配合完

---

[*] 课题组负责人：王玉亮，广州市生态环境局越秀区分局总工程师。课题组成员：李松凌、伍满坤、肖茂聪、陈楚书。执笔人：陈楚书，广州市生态环境局越秀区分局一级科员。

善政务信息公开统一平台、加强政务信息公开监督检查等方面抓完善、抓规范、抓深入、抓提高，切实提高政府工作公开透明度、群众知晓度和参与度。

二　主要举措与实践

（一）"数字政府"改革建设

按照《广东省人民政府关于印发广东"数字政府"改革建设方案的通知》（粤府〔2017〕133号）和《广东省人民政府办公厅关于印发广东省"数字政府"建设总体规划（2018—2020年）实施方案的通知》（粤府办〔2018〕48号）的具体要求，参照《广州市"数字政府"改革建设工作推进方案》的内容，越秀区生态环境分局积极配合牵头单位推进越秀区"数字政府"建设，加大力度促进政府职能转变，提升政府服务能力和治理能力的现代化水平，提高政务服务能力，优化营商环境，打造社会治理智能精准新格局。

1. 政务信息化管理体制调整优化

按照国家、省、市、区全面推进政务信息化工作的总体要求，落实政务信息化管理体制建设，推进信息技术机构整合改革，建立以局主要负责人抓统筹，局分管领导抓具体，科室负责人抓落实的管理机制，一级抓一级，层层抓落实，明确规划建设科为履行越秀区生态环境分局"数字政府"建设管理职责的牵头负责科室，其他科室部门专人具体协助，形成集中统一、运转高效的管理体制，切实提升政务服务行政效率。

2. 优化电子证照服务支撑能力

严格执行落实《广东省"数字政府"建设总体规划（2018—2020年）实施方案》关于统一身份认证服务应用的工作部署，切实依托广东省电子证照系统开展用证服务应用，实现电子证照互信互认，切实解决企业群众办事提交材料多、证明多等问题。通过广东省电子证照系统的使用，越秀区生态环境分局政务服务身份验证材料可进行在线电子营业执照、在线身份确认等，切实减轻企业群众办事提交个人身份证明材料的负担，实现让数据多跑路、群众少跑腿的高效行政服务效率局面。

3. 推进政务服务事项标准化、优化在线办事服务

按照广东省政务服务事项"十统一"工作要求，认真梳理越秀区生态环境分局政务服务事项实施清单，完善政务服务事项受理清单和办事指南标准化管理；进一步规范政务服务行为，简化办事材料、优化审批系统与审批流程，精简办事环节，压缩审批时限。目前，越秀区生态环境分局纳入"广东政务服务网"行政许可事项3项、公共服务事项3项，已实现政务服务大厅所有进驻事项100%可预约、可网办事项100%、行政许可事项30%以上可即办、政务服务事项100%"零跑动"。例如，"建设项目环境影响评价报告表审批"行政许可事项，越秀区生态环境分局执行市区统一标准，承诺办结时限由20日压缩为3个工作日，审批办理流程由"申请—受理—审查—审批—决定—送达"6个环节压缩调整为"申请—受理—审查"3个环节，申请材料由原来的14项精简为4项，实现全程网办。

4. 优化营商环境

进一步配合推进越秀区餐饮场所准入管理机制，2019年以来，越秀区生态环境分局共出具选址建议书2380件，其中符合环保选址要求的1499件，不符合环保选址要求的881件。通过餐饮场所准入管理机制进行源头把关，减轻了事中事后管理的压力，也大幅减少了企业的投资损失。越秀区餐饮场所准入管理机制进一步落实，对引导越秀区餐饮场所合法有序健康发展，起到了积极的作用。一是通过餐饮场所准入管理，遏制了选址有"先天缺陷"的餐饮场所的增加，在控制"散乱污"餐饮场所增量上，效果明显。二是使得越来越多餐饮场所申办者、中介机构、房屋业主以及餐饮场所周边居民关注选址合法性，形成了在越秀区开办餐饮场所首先咨询选址合法性的思维习惯。三是环境治理成效显现。辖区内餐饮场所油烟扰民的投诉量有明显的下降。四是经过细心宣传和解释，餐饮场所申办者皆认同"七不准"有利于依法经营，减少投资失误。在《广州市各区环境竞争力评价（2018年版）》中"越秀区创新餐饮场所'七不准'管理机制"被列为两个工作亮点之一。

5. 推广网上中介服务超市平台

按照有关要求省、市、区关于推进中介服务规范管理的工作要求，

积极配合推进越秀区网上中介超市建设，越秀区生态环境分局对有关生态环境保护行政审批中介服务事项名称、中介服务机构资质要求、中介服务事项与权责事项等有关内容的合法性、规范性、准确性、完备性和有效性进行审核，切实落实行政审批中介服务项目清单的梳理核查工作，仅保留"环境影响评价"一项，并确保录入中介服务事项库的信息能够有效支撑中介超市平台运行。积极宣传推广越秀区网上中介超市政务服务，大力推动中介服务机构进驻，动员16家环评机构注册进驻越秀区政务服务中介超市。

（二）重点领域信息公开

按照《中华人民共和国政府信息公开条例》关于政府信息主动公开的具体要求，在越秀区政务公开办统筹建设的越秀区信息网—政务公开—重点领域信息公开栏目上，设立环境保护公开栏目，下设排污单位环境监管情况和空气、水环境质量信息公开等生态环境保护重点领域信息公开子栏目。

1. 排污单位环境监管情况

加强生态环境排污单位执法监管情况信息公开工作，通过处理辖区环境信访投诉，开展重点专项执法行动，认真贯彻落实《环境保护法》《大气污染防治法》《水污染防治法》《环评法》等法律法规有关要求，对环境违法行为及时依法立案查处，加强对敏感区域、重点路段和重点排污单位的执法监管的基础上，落实监管单位行政处罚结果主动公开工作，加强政府工作透明度，提升群众的生态环境保护意识，保障群众的知情权和监督权。落实辖区内重点排污单位信息公开，通过派发通知、开展培训、专人指导、在线答疑等方式，督促、指导辖区内重点排污单位通过广州市环境执法监管服务平台及时公开环境信息，截至2019年6月，辖区内28家重点排污单位已全部完成环境信息公开。

2. 空气、水环境质量信息公开

随着人民群众生活水平的不断提高和对美好生活的向往，越来越多居民群众对日常空气和水环境质量要求日益增长，为切实保障居民群众对空气和水环境质量信息的知情权，越秀区生态环境分局依托广州市空气质量实时发布系统和广州市地表水水质监测信息平台，及时主动公开空气和水环境质量监测信息，并引导居民群众通过关注网站信息和微信公众号主动获取空气和水环境质量信息。

3. 建设项目环境影响评价信息公开

依据《环境保护法》《大气污染防治法》《环境影响评价法》《中华人民共和国政府信息公开条例》《建设项目环境影响评价信息公开机制方案》等相关规定，根据省、市关于建设项目环境影响评价文件审批程序的具体规定和要求进行环境影响评价文件的受理和审批，严格按照国家、省、市、区建设项目环境影响评价信息公开机制。主动公开环境影响评价文件委托号、项目名称、建设单位、受理编号、建设地点、批文号、处理单位、批复日期等建设项目相关信息，切实提高人民群众对生态环境保护工作的知晓度和参与度，进一步加强建设项目环境影响评价工作的公开、透明，不断强化对建设单位和建设项目的监督约束，实现建设项目环境影响评价信息的全过程、全覆盖公开，大力推进形成多方参与、全社会齐心共治的环境治理体系。

（三）生态环境保护信息公开专栏

按照《中华人民共和国政府信息公开条例》关于政府信息主动公开的具体要求，在越秀区政务公开办统筹建设的越秀区信息网"工作机构"栏目中，设立越秀区生态环境分局专栏，下设办事指南、行政处罚、行政许可、双随机抽查结果公开等生态环境保护信息公开子栏目。

1. 办事指南

为进一步加强政府信息公开在规范办事程序、提高办事效率的促进作用，越秀区生态环境分局在越秀区生态环境分局专栏设置办事指南栏目，根据《中华人民共和国环境影响评价法》《建设项目环境影响评价分类管理名录》等相关规定，按照国家、省、市、区的工作部署和具体要求，制作并发布《建设项目环境影响登记表备案指南》《餐饮项目环境影响登记表网上备案指引》《广州市越秀区环境保护类负面清单》等办事指南类政府信息，将企业、群众在办理建设项目环境影响网上登记备案、餐饮项目环境影响网上登记备案等过程中需要明晰的登记备案要求、登记备案信息、具体登记流程进行梳理记录，指引企业、群众通过办事指南能够实现自主办、少跑腿的高效行政服务效率局面。

2. 行政处罚、行政许可信息公开

按照《越秀区行政许可和行政处罚等信用信息公示工作方案》要求，为加强信用信息资源整合，推动社会信用体系建设，进一步加强社会监督，发挥公众对规范市场主体行为的积极作用和发挥信用信息对社会公众的服务作用，越秀区生态环境分局定期在越秀信息网和信用广州网等官方网站及时更新辖区内越秀区生态环境分局办理的行政处罚和行政许可信息，2017年、2018年、2019年以来越秀区生态环境分局所做出的行政处罚决定和行政许可均在信用广州网上公布，做出的所有行政处罚文书和行政许可均在越秀区政府官网主动公开，主动全量公示行政许可和行政处罚等信用信息，做到"全覆盖、零遗漏"，切实加大政府行政处罚和行政许可信息公开力度，自觉接受社会人民群众的监督。

3. 双随机抽查结果信息公开

按照《广东省环境保护厅关于印发污染源日常环境监管随机抽查制度落实方案的通知》的具体要求，越秀区生态环境分局立足辖区内污染源状况和人员配备情况，密切各部门分工配合，充分调动各方积极性，依托广州市"双随机、一公开"综合监管平台，制订联合抽查计划，明确检查目标、检查日程和检查要求，联合市场监管部门依职责对企业即时公示信息、污染物排放情况、污染治理设施运行情况等问题进行全方位检查，对于检查中发现的问题，现场采取责令改正等措施依法进行处理，并将随机抽查结果在广州市"双随机、一公开"综合监管平台和越秀信息网——区生态环境分局专栏进行主动公开，不断推进"双随机、一公开"制度化、规范化、精细化，为深化"放管服"改革，创新事中事后监管，营造公平竞争的市场环境和法制化、便利化的营商环境。

（四）依申请公开

越秀区生态环境分局坚持落实"以公开为常态、不公开为例外"的政府信息公开原则，在不断加强政府信息主动公开工作的基础上，通过现场申请、书面申请、网上申请等多种申请方式，依托广州市依申请公开政府信息管理系统，不断拓宽企业群众申请政府信息公开渠道，在依申请公开工作中，严格把好申请受理、申请办理、文件答复三个关键环节，做好政府信息公开保密审查工作，确保可以公开的政府信息准确公开，不能公开的政府信息及时向申请人做好沟通解释工作。2017年、2018年、2019年以来，越秀区生态环境分局受理的政府信息公开申请38.9%属于生态环境信访投诉相关信息，38.9%属于建设项目环境影响评价相关信息，5.5%属于环境质量相关信息，16.7%属于其他信息，未发生因政府信息依申请公开产生的行政诉讼和行政复议。

（五）信息公开审查

依据《中华人民共和国保守国家秘密法》《中华人民共和国保守国家秘密法实施办法》《中华人民共和国政府信息公开条例》等有关规定，为做好政府信息公开过程中的保密工作，防止因信息公开工作失误造成失泄密事件的发生，越秀区生态环境分局制定了《广州市生态环境局越秀区分局信息公开审查制度》，明确了信息公开的审查原则、审查责任、审查内容、审查程序、监督机制等具体内容。制作了《信息发布保密审查表》，坚持"先审核后公开""谁公开谁审核、谁审核谁负责"的原则，由具体工作人员、部门负责人、分管局领导负责对信息公开的内容、形式和时间等事项进行层层审核，严格遵守国家法律法规和有关保密政策规定，确保各项主动公开信息有序真实可信，切实保障群众行使知情权、监督权、参与权。

三 取得成效或亮点

（一）形成信息公开制度规范化

准确把握政府信息"以公开为常态、不公开为例外"的基本原则，制定越秀区生态环境分局政务公开反馈制度、政务公开审查工作制度、政府信息依申请公开工作制度和政务公开责任追究制度，深入推进越秀区生态环境分局政府信息公开的制度化、规范化、长效化。按照上级部门要求积极扩大主动公开信息特别是生态环境保护重点领域信息，逐渐适应取消"根据自身生产、生活、科研等特殊需要"限制的变化，对因形式变化或已解密的政府信息，逐笔按照审查制度由依申请公开向主动公开转化。建立政府信息依申请公开的登记、审核、办理、答复、归档的工作流程,提高依申请公开工作规范化水平。严肃政务公开工作纪律,切实加强勤政廉政建设,建立健全廉洁高效、勤政务实的工作运行机制。

(二)提高政府信息公开透明度

切实推进"数字政府"改革建设工作,通过优化政务服务行为,在简化企业办事材料、优化审批系统与审批流程等方面,不断提高政务服务能力,切实优化营商环境,打造社会治理智能精准新格局。不断强化政府信息公开基本载体,做到与时俱进,落实"互联网+政务"发挥政府信息公开的主力军作用,依托省、市、区各级信息平台统一发布主动公开政府信息,优化政府信息公开呈现方式,做到全面、准确、及时,方便企业群众自主检索、查阅和下载,进一步提升群众对政府信息的知晓度和参与度,切实提高政府信息公开透明度。

四 存在问题

(一)政府信息公开系统平台数据链接共享不通畅

随着各级政府部门不断推行互联网信息系统平台,在提升政府信息公开透明度的同时,由于各级政府部门下放互联网信息系统较多,且各信息系统平台之间数据无法匹配、无法共享,造成各类数据需在不同系统平台之前多次重复录入,对基层部门的政务公开压力也随着不断增大,影响实际工作效果。如"建设项目环境影响评价报告表审批"行政许可事项,项目方可从"广州市建设项目环境保护审批系统""广州市工程建设项目联合审批平台""越秀区综合受理审批系统"3个不同的系统录入,而这3个系统之间数据无法共享,系统之间的数据需重复汇总收集,造成人力和财力的浪费。

(二)政府信息公开申请复杂化

随着人民群众学法懂法意识的日益提高和各部门对《政府信息公开

条例》的广泛宣传，人民群众对政府信息公开的申请需求日渐增多，使得政府信息公开申请渠道趋于复杂，包括网上平台、邮寄申请、现场提交等方式；同时提交政府信息公开申请的主体需求趋于复杂，包括企业、律师、学生；政府信息公开申请的内容也更加敏感化，从依申请公开的情况看，有关系民生的建设项目环境影响评价、空气质量数据等主要内容外，也有群众将依申请公开理解为信访、投诉举报途径的延伸。

（三）政府信息公开工作缺乏专业性培训

现阶段基层政府部门的信息公开工作因人员编制不足，政府信息公开工作人员多为兼职工作，无法形成固定的专项工作人员，造成信息公开工作岗位人员变动较为频繁，人员频繁流动不利于信息公开专员学习信息公开理论知识和积累工作经验，同时因缺乏信息公开工作专业性培训，在日常工作中可能会因专业性不够对信息公开的具体规范认识不足，造成信息公开工作流程有所缺陷，难以保证信息公开工作的实际效果。

五　建议与展望

（一）统一各类信息公开系统平台

建议相关部门通过协商一致，整合现今相同领域的信息系统平台，由政务服务数据部门统筹各类信息系统平台数据共享，形成统一层次的领域性信息系统平台，统一信息公开平台入口和建立信息公开分层审批端口，创造政府信息公开内容只需上传一次的友好条件，切实减轻基层部门信息公开工作负担，集中精力提升信息公开工作质量和效果，不断提高政府管理效能，大力提升信息公开的透明度。

（二）规范依申请公开办理程序

按照《政府信息公开条例》和省、区、市关于政府信息依申请公开的要求，通过优化政府信息依申请公开办理程序、继续完善信息公开制度建设，进一步做好越秀区生态环境分局政府信息公开工作。一是继续优化规范政府信息依申请公开办理程序，畅通各项政府信息公开渠道，优化政府信息公开申请处理流程，严格按照政府信息依申请公开办理流程，细化咨询、受理、答复等工作环节要求，规范政府信息依申请公开的受理、分派、答复等工作环节的具体操作，落实信息公开工作人员办理责任，严格遵守依申请公开办理时限，按照有关要求及时答复申请人。二是结合群众的广泛需求，在政府信息公开规定范围内，拓展政府信息主动公开范围，结合具体工作实际，加强内部政府信息公开理论和业务指导，在现有的基础上，进一步完善信息公开办事指南、政府信息依申请公开指南，提高企业、群众对政府信息主动公开的知晓率和参与度，切实减少将依申请公开转化为信访、投诉、举报的途径。

（三）加强信息公开工作专业培训

通过集中举办信息公开工作人员信息公开业务专业培训，围绕《政府信息公开条例》等信息公开相关法律法规进行政策解读，邀请专家学者讲解信息公开在政府决策、政策执行、工作管理、申请服务、结果公开等一系列工作流程中的重点难点，结合具体的政府信息依申请公开案例，深入分析在新形势新要求下如何规范有序地履行政府信息公开职责，吸取相关的工作经验和教训，避开政府信息依申请公开办理程序中的"雷区"，进一步推动信息公开工作人员业务理论学习、工作经验总结、业务水平提高有成效，确保信息公开工作顺利进行。

越秀区应急管理领域信息公开实践

广州市越秀区应急管理局[*]

摘　要：当前突发事件频发，对政府的应急管理法治化、政府行政管理变革和创新提出了新挑战，凸显了政府信息公开的价值。公开透明是法治政府的基本特征，在智慧政府建设的背景下，应急管理还存在信息公开透明度不高、共享程度不高等问题，一定程度上阻碍了应急管理部门与群众互动的良性发展。如何在新形势下进一步强化和深化应急管理领域的信息公开，关键是要多管齐下、多措并举，切实保障群众有效参与，全面推动政务信息共享，优化互联网服务功能，不断强化服务型政府建设。

关键词：政务公开；信息共享；服务型政府

一　背景与任务

2019年2月，根据《广州市越秀区机构改革方案》，越秀区应急管理局正式组建。新成立的越秀区应急管理局承接了原8个不同部门的9大项应急管理职责，在原区安全生产监督管理局的职责基础上，增加了水旱灾害防治、地质灾害防治、应急救援等职责。越秀区应急管理局坚持以习近平新时代中国特色社会主义思想为指导，始终坚持"生命至

---

[*] 课题组负责人：何斌，广州市越秀区应急管理局副局长。课题组成员：周云静、姜琼、李星星。执笔人：李星星，广州市越秀区应急管理局四级主任科员。

上、安全第一"的理念,坚持稳中求进工作总基调,坚决防范和化解重大安全风险,深入全面推进应急管理领域政务公开,充分保障人民群众知情权、参与权、表达权和监督权,增加越秀区应急管理部门公信力,不懈努力提升应急管理体系和应急管理能力现代化建设,为提升人民群众幸福感、获得感、安全感,率先实现老城市新活力和四个方面出新出彩提供有力的安全保障。

二 主要举措与实践

(一) 促进政务公开规范化

1. 注重在深化学习上下功夫,着力统一思想认识

思想是行动的指南。为使政务公开规范推进,应急管理局充分利用局党组会、局务会、支部党员大会、干部大会和工作交流会等时机,组织干部职工认真学习领悟新修订的《中华人民共和国政府信息公开条例》、《广东省人民政府办公厅转发国务院办公厅关于全面推进政务公开工作的意见实施细则的通知》(粤府办〔2016〕130号)和《中共广州市委办公厅广州市人民政府办公厅关于印发〈广州市全面推进政务公开工作的实施意见〉的通知》(穗办〔2017〕8号)等文件的主要精神,提高思想认识,夯实理论基础,坚持"以公开为常态,不公开为例外"的工作原则,推进应急管理行政执法行为和政务服务全过程公开,严格保密审查程序,落实"谁公开、谁审查、谁负责"要求,对主动公开、依申请公开的事项及文件,按照程序公开,确保政务公开工作透明化、常态化、规范化。

2. 注重在强化领导上下功夫,着力健全工作机制

有效的组织领导是政务公开顺利开展的基础。应急管理局把政务公开工作纳入局党组重要议事日程,主要负责同志每年至少专门听取1次政务公开工作汇报,研究应急管理领域政务公开工作存在的难点和重点,把应急管理、安全生产和政务公开等工作统筹协同推进,形成"主要领导亲自抓、分管领导具体抓,专人负责政务公开工作"的工作体系,层层压实政务公开主体责任。结合工作实际,建立健全了《越秀区应急管理局政务信息管理办法》,明确信息公开要遵循"及时准确、公开透明,强化服务、便民便利"原则,准确、及时、有效地发布权威政务信息,不断增强与公众的交流,扩大公众的知情权和参与权,接受社会公众监督。

3. 注重在落实责任上下功夫,着力优化发布质量

"三分部署,七分落实。"只有结合实际抓细抓小,才能落地见效。为此,应急管理局注重落实好以下三项责任。一是明确栏目分工。"信息公开指南、机构职能、部门文件、规划计划、政府信息公开工作年度报告、人事任免事项"等栏目由办公室负责;"行政处罚、其他具体行政行为"栏目由执法科负责;"行政许可"栏目由监督管理科负责;"政务动态"栏目由综合法规宣传科负责。二是落实专人负责。应急管理局信息发布工作主要由办公室负责,指定专人负责栏目维护和信息发布工作,并定期督促各科室针对负责的栏目报送信息材料,确保栏目及时更新。三是抓好把关审批。信息发布人员把审核关口前移,实行具体经办人、科室负责人、分管领导、主要领导审批的层级审核机制,对信息内容在公开前把好政治关、政策关、文字关,不公开涉密内容,不出现政治错误和文字错误,切实提升信息发布质量。

(二)促进行政权力透明化

1. 坚持完善制度,确保有章可循

应急管理局坚持把制度建设摆在突出位置,确保各项工作有章可循,权力运转公开透明。如2019年政府机构改革后,应急管理局承接了三防工作,原《越秀区三防预案》已不适应机构改革后的工作需要,根据广州市人民政府办公厅印发《广州市防汛防旱防风防冻应急预案》(穗府办〔2016〕17号),越秀区三防指挥部重新对原《越秀区三防预案》进行修订,制定了《越秀区防汛防旱防风防冻应急预案(试行)》。按照"谁起草,谁解读"原则,应急管理局牵头组织了系列的会商和研判,进一步明确了三防办成员单位的职责和任务,做到了政策性文件与解读方案、解读材料同步组织、同步审签、同步部署,确保了政策全面公开、内涵透明。

2. 坚持信息共享，主动接受监督

在符合保密要求的前提下，依法公开本单位的"三定"方案等信息，定期更新涉及应急管理局的公开目录政务信息，做好预决算报告、人事信息、党建信息、生产安全事故报告、应急演练、投诉电话等信息公开基础工作，进一步加大应急管理局职能宣传力度，规范财政资金使用，主动接受群众监督。

3. 坚持依法公示，确保公平公正

按照"谁执法，谁公示"原则，应急管理局执法科严格落实行政执法公示制度，规范应急管理领域行政执法行为。利用统一的执法信息公示平台，集中向社会依法公开应急管理局行政执法职责、执法依据、执法程序和执法结果等信息，以"双随机、一公开"监管为基本手段，以重点监管为补充、以信用监管为基础的新型监管机制，将检查处置结果及时通过国家企业信用信息公示系统和"信用中国"网站公开，进一步促进执法人员依法执法。

（三）促进政务公开实效性

1. 利用科技手段，推进政务公开智能化

应急管理局把信息化建设作为推进应急管理现代化的重要抓手。通过搭建平台，多措并举。一是升级"智慧安监"系统。推进"智慧安监"系统建设，配合实施"数字政府"配套项目工作，涵括三防指挥系统迁移和完善、越秀区智慧应急建设、越秀智慧安监建设，整理近三年来信息化项目资料，通过"智慧安监"系统面向社会开展工作，实现"零投诉"。二是利用好危化品信息化管理平台。组织辖内涉危企业依托"广州市危险化学品动态信息管理平台"，填报企业人员信息、危化品信息、资质证照等资料，实现取得许可备案的涉危企业上线培训覆盖率和企业上线率达到100%，进一步推动企业信息公开透明，便于接受舆论监督。通过这一举措，有效实现了政府建设管理、企业申报信息、数据共建共享、部门分工监管，实现全区监管一张图、全区部门一条链、企业信息一键查、流向流量一表清。三是完善应急管理专家库流程管理。及时梳理专家库名单，完善和明确聘请专家流程，改进随机抽取专家方式，以电子信息表格的方式抽取替代人工调取，确保对危化企业、建筑施工领域等行业行政执法检查的公平公正。

2. 丰富公开形式，推进政务信息大众化

应急管理局注重在拓宽公开的途径上进行积极的探索。一是向媒体借力。借助传统媒体、新媒体、宣传栏、视频录像等面向市民群众开展安全教育。充分运用南方+客户端，政府网站和《广州日报》等信息发布平台，开展"百日安全生产""安全生产月""安全生产宣传咨询日"等主题活动宣传，及时公开人民群众普遍关心的应急管理领域热点、焦点问题，拓展了服务基层、联系群众、听取群众意见、接受群众监督途径，提升了居民群众安全防范的意识和能力，切实促进了安全发展理念"飞入"寻常百姓家。二是进社区传播。应急管理局把社区作为政务公开的重要基地，通过人们喜闻乐见的宣传活动提升居民群众对相关法规政策的知晓度。如为了加强法治宣传教育，提高群众法律意识，2019年5月12日，省、市、区减灾委联合在英雄广场举办以"提高灾害防治能力，构筑生命安全防线"为主题的防灾减灾主题宣传日，直接与群众面对面交流应急管理工作，增强社会民众的防灾减灾意识，普及和推广全民防灾减灾自救互救技能。通过现场宣传，拉进了与群众距离，大力提升了居民群众参与法治建设的广度和深度。

三 取得的成效和亮点

（一）思想认识更加到位

公开透明是法治政府的基本特征，政务公开是增强政府公信力，保障人民群众知情权、参与权、表达权、监督权的重要途径。通过政务公开，取得了较好的效果。一是机制进一步健全。"一把手挂帅、分管领导具体抓、责任到科室、落实到人头"的工作机制形成，党组多次专题研究政务公开工作，党组书记亲自部署推进。二是意识进一步增强。应急管理部门成立一年来，"以公开是常态，不公开是例外"的原则也逐渐成为共识，在公众与应急管理部门的频繁互动中，应急人履职尽责的能力与人民群众利益息息相关，政务公开的意义显得尤为重要。

（二）制度建设更加完善

为维护群众的知情权，防止职务腐败，优化越秀区营商环境、减少行政审批办理流程，努力做到让数据多跑路、群众少跑腿，2019年，应急管理局制定了《行政执法工作纪律》《首问责任制》《一次性告知制度》《限时办结制度》《服务承诺制度》《政务信息管理办法》《政务信息公开保密审查制度》等一系列制度，坚持以公开促落实，以公开促规范，以公开促服务，自觉接受群众监督，努力建立长效监管机制。

（三）行政执法更加透明

认真落实"双随机、一公示"制度，将执法信息公示贯穿事前、事中、事后各环节，执法更加公开透明，执法人员的执法行为进一步规范；为保证执法全过程记录制度得到有效落实，根据省市应急管理部门要求，为执法人员配备执法记录仪、执法终端设备等，注重执法留痕，切实减少了执法过程中相互扯皮、矛盾激化的现象，有力保障了执法人员的人身安全。

四 存在问题

在社会不断发展的过程中，公众对应急管理领域工作重视程度、关注度不断增强，信息公开越发显得重要。围绕应急管理领域政务公开发展要求，一些问题和不足也需要改进和完善。

（一）政务信息公开工作队伍建设有待加强

近三年，政务信息公开工作岗位人员变动较快，流动性大，导致对信息公开工作业务钻研得不够深，深入学习政务信息公开相关政策时间少、精力少，难以在短时间内提高业务能力，难以准确把握政策法规对信息公开工作依法依规公开规定要求，一定程度上降低了政务信息公开实效。

（二）政策解读形式不够丰富

目前应急管理局政策解读主要以文字解读为主，图表解读为辅的解读形式，解读形式和角度比较枯燥、单一，而视频影像、动画解读等解读形式受技术、资金等客观条件的限制，较为薄弱；同时，在充分发挥政策参与制定者、掌握相关情况、熟悉安全生产和自然灾害领域的专家学者和新闻媒体的作用上做得还不够足，在公开形式上如何增强吸引力、提高群众参与度上还有欠缺。

（三）信息公开数量不够多量

2019年，应急管理局通过越秀区政府门户网站、新媒体南方+平台、报纸等形式全年主动公开政府信息257条，数量还是比较少，且主要包括的是一些基本政务信息，涉及重点领域、"五公开"等政府主动公开信息数量少，公开的深度和广度还不够。

五 建议与展望

为进一步强化和深化应急管理领域的信息公开工作，要坚持公平公开公正原则，紧密结合自身职责，充分发挥综合监管、行业监管、行政执法、防灾减灾救灾等服务型相关作用，构建与人民群众需求相匹配的政务公开新格局，以更加公开透明的工作方式和态度赢得人民群众更多理解、信任和支持。

（一）加大学习培训力度，提升政务公开的技能

把提高思想认识和业务水平作为出发点，抓好干部的学习培训，以全面提高干部驾驭政府信息公开工作能力。通过邀请专家授课，到兄弟单位学习等，开阔视野，提升具体经办人政务信息公开业务水平；积极主动与区政务数据局、区府办等部门沟通交流，掌握政务公开工作的最新政策，确保工作有序开展、有效落实；广泛开展全局公务员政务信息公开基本规范培训，提高政务公开的参与面，充分调动干部职工参与政

务信息公开工作的主动性和积极性。

（二）加大宣传贯彻力度，拓宽政务公开的路径

充分利用政府网站、"两微一端"、南方+等网络信息发布平台，实现局域网、报刊、宣传栏等各种媒介相结合，传统媒体与新兴媒体融合互动，多渠道、多形式开展安全生产、应急管理和防灾减灾救灾宣传教育。印发宣传单张、制作口袋书和宣传片等，增强公开的针对性和实效性。深入开展应急管理和安全生产进社区、进企业、进校园、进家庭等，广泛听取群众意见和建议，及时公开人民群众普遍关心的应急管理领域热点、焦点问题，增强吸引力，不断提升政务公开的效果。

（三）加大群众参与力度，营造良好社会氛围

坚持需求导向、问题导向、效果导向，紧密围绕越秀区应急管理重点工作，聚焦安全生产和三防领域，引导公民有序的政治参与，持续拓展公众参与的范围和事项，丰富与群众互动的渠道和方式，坚持"应征询尽征询"原则，采取座谈会、听证会、实地走访、书面征求意见、向社会公开征询等方式，广泛听取意见，构建涵盖行政决策事前、事中、事后全链条公众参与和信息公开的新格局，持续增强公众参与、政民互动的针对性、实效性，不断增强应急管理部门工作的透明度、公信力，切实提升社会群众的获得感、满意度。

越秀区规划和自然资源领域依申请
公开政府信息的办理实践

广州市规划和自然资源局越秀区分局[*]

摘　要：规划和自然资源领域依申请公开是政务公开的重要组成部分。广州市越秀区户籍人口众多，多元的、深层次的政府信息需求大，阳光透明法治政府的信息依申请公开与之与日俱增。广州市规划和自然资源局越秀区分局坚持以公众需求为导向，公开为民，在实践中积极探索，积累经验，完善规章制度，进一步拓宽受理渠道，依托网上依申请公开等方式，积极稳妥推进政府信息公开工作。

关键词：规划和自然资源；依申请公开；政务公开

一　背景与任务

政府信息依申请公开，是人们了解政府信息的重要途径，是公众结合自身特殊需求获得政府信息的权利，是让人们了解政府行为，维护知情权、参与权、表达权和监督权的有力武器。随着社会主义民主法治的不断发展和依法行政的全面推进，社会各界对政府信息公开工作提出了更高的要求。自2008年5月《中华人民共和国政府信息公开条例》正式生效起，12年间，政府信息公开保障公民、法人和其他组织依法获

---

[*] 课题组负责人：陈卫华，广州市规划和自然资源局越秀区分局副局长。课题组成员：刘少贞、陈钊娴、谭倩雯。执笔人：陈钊娴，广州市规划和自然资源局越秀区分局九级职员。

取政府信息，给人们带来了不可估量的信息便利。

规划和自然资源部门职责涉及全民所有土地、矿产、森林、湿地、水、海洋等自然资源资产、国土空间用途等。广州市规划和自然资源局越秀区分局作为广州市规划和自然资源局的派出机构，与公众生产、生活等经济社会活动息息相关的政府信息主要包括规划类"三证一书"及附图、修详规、控规信息、用地报批、不动产文件、局机构文件等。广州市越秀区处于广州市核心区，系广州市区域面积最小的区，同时也是户籍人口最多的区，土地空间不足的问题日益突出。近年来，因城市更新改造、老旧小区加装电梯工程等产生的纠纷不断增多，越来越多的公民、法人和其他组织希望通过政府信息依申请公开的途径获取相关信息，使得市规划和自然资源局越秀分局政府信息依申请公开业务量猛增。2017—2019年，广州市规划和自然资源局越秀区分局（原越秀区国土资源和规划局）的政府信息依申请公开受理数量分别为758宗、1182宗、1204宗，分别占全区依申请公开受理数量的70.4%、80.6%、74.7%。这给广州市规划和自然资源局越秀区分局造成的压力日增，倒逼我们因地制宜、创新工作方法，将旧城规划和自然资源的独特与政府信息公开充分融合，规范提升、降低风险，提高工作质效。

二 主要举措与实践

广州市规划和自然资源局越秀区分局紧跟公民政府信息公开的需求，创新政府信息公开形式，拓宽政府信息公开渠道，深化政府信息公开内容，在实践中不断积极探索，积累经验，通过推进网上依申请公开等方式，为申请人提供便捷服务，做好公民需求的后盾。

（一）深入研学，提升水平

2019年4月，国务院发布了修订后的《中华人民共和国政府信息公开条例》（以下简称新《政府信息公开条例》），广州市规划和自然资源局越秀区分局积极参加广州市越秀区人民政府和广州市规划和自然资源局关于政府信息公开相关的培训，通过对比新旧条例，重点把握修订内容，对照新《政府信息公开条例》要求加强政务公开工作，协助广州市规划和自然资源局根据新《政府信息公开条例》编制《广州市规划和自然资源局政府信息公开指南》，从优化受理与答复依申请政府信息公开的工作程序，划定主动公开和依申请公开工作范围，切实保障申请人及相关各方的合法权益，提升政府信息公开信息化水平等多方面进行策略优化。

（二）完善机制，提高质量

广州市规划和自然资源局越秀区分局积极配合广州市规划和自然资源局落实岗位责任制度，确保政府信息公开案件在法定时限内办结；在法治审查环节，充分发挥法律顾问和公职律师作用，对重点、难点的信息公开行政案件予以法律指引，减少被纠错数量，一旦发现问题，立刻整改，通过针对性地补充完善相关制度，如印发《广州市国土资源和规划委员会关于对依申请公开信息工作规则（修订）的补充通知》（穗国土规划字〔2019〕12号），补充完善相关工作要求，在月度依申请公开政府信息工作通报中，结合当期存在的主要问题，针对性地开展关于信息公开的法律法规及政策的培训，增加办理人员业务知识储备，以避免引用条例不当，未按要求的方式送达、答复主体不规范及模板使用有误等低级错误的发生。

（三）加强协调，降低风险

为精准、高效地做好政府信息公开工作，准确了解人民公众需要公开何种信息，坚持以公众需求为导向，提高申请主体获得相应信息的方便性、准确性，做好阳光、法治、透明政府职能转变服务，加强沟通协调，壮大政府信息依申请公开成果，广州市规划和自然资源局越秀区分局在市规划和自然资源局的统一业务指导下，采取了多项举措。一方面，通过制定窗口受理分类指引，属业务咨询类的，引导申请人在本单位门户网站填写咨询内容或拨打"12345"；属于信访投诉类的引导申请人通过信访途径；属于主动公开的信息，引导申请人在市规划和自然资源局网站查找，遇到申请描述模糊不清时，通过电话联系，加强与申请人的沟通，了解申请人的真实诉求，有针对性地研究解决途径，引导申请人通过合理、有效的方式，从源头上着力解决公民需求。另一方面，强化与政务公开部门、法制部门的沟通研究,遇到新兴事项、敏感事项、重复事项或难以界定情形等,加强协商,寻求合法合规地解决办法的同时,又能及时回应人们核心关切的问题,减少复议、诉讼败诉率。

(四)便捷渠道,提升服务

为顺应时代发展要求,提高人们获取政府信息的便捷度,广州市规划和自然资源局越秀区分局通过提升"互联网+政府服务"能力和水平,依托广州市依申请公开政府信息网上受理平台,大力开展依申请公开网上办理。申请人可登录广州市规划和自然资源局或越秀区政府门户网站,在依申请公开模块网上填写申请,将身份证复印件上传提交后,获取信息选择电子邮件、邮寄、传真等方式,全过程无须面对面或到窗口申请即可完成政府信息依申请公开,可实现全程电子化,群众零跑动。2017年,广州市规划和自然资源局越秀区分局政府信息公开网上申请办理量共17宗,2018年为27宗,2019年为196宗,分别同比增长58.8%、626%(见图1)。

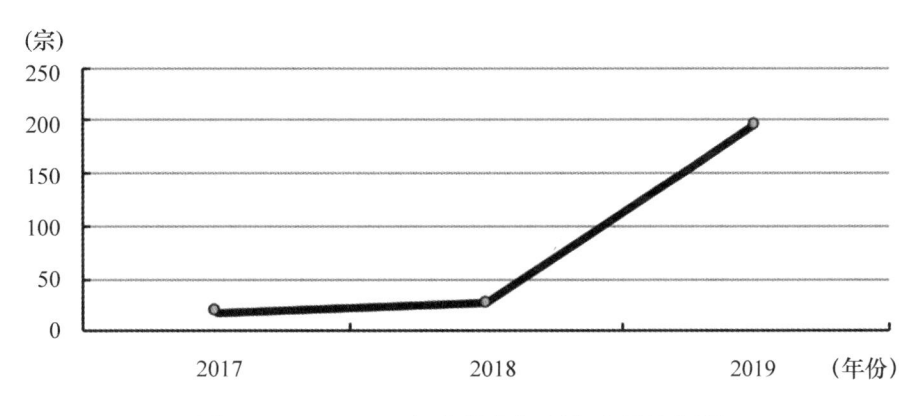

图1 2017—2019年广州市规划和自然资源局越秀区分局网上依申请公开办理量

三 取得成效与亮点

(一)政府信息依申请公开成为公众获取信息重要途径

随着公众法治意识不断提高,以及政府信息依申请公开途径愈来愈便捷，公众通过依申请公开获取政府信息用以维护自身权益的数量逐年递增。广州市规划和自然资源局越秀区分局依申请公开办理量由2017年758宗上升至2019年1204宗，增长了58.8%。从获取政府信息类型方面看，同意公开类由2017年579宗上升至2019年822宗，增长了42.0%。按照"以公开为常态、不公开为例外"的原则，同意公开类数量上的提升，是人们通过合法途径获取更多关切的政府信息的有力表现。

（二）政府信息公开助力解决民生需求

近年来，既有住宅增设电梯多次写入越秀区政府工作报告，与之相关的规划和自然资源领域政府信息依申请公开呈井喷趋势。广州市规划和自然资源局越秀区分局作为越秀区既有住宅增设电梯工程行政审批部门，审批过程涉及总规、控规、修规、用地性质、建筑密度、绿地率、红线、蓝线、紫线、历史文化街区、轨道交通保护区、土地权属、建设用地规划红线、城市规划道路、坐落房屋历史审批情况及其他相关行政部门出具的意见等诸多方面因素，增设电梯与否关系着公众的切身利益。因此，建设用地规划许可证、建设用地规划红线、建设工程规划许可证及附图、建设工程规划验收合格证及附图等，高频出现于政府信息公开申请的内容描述中，常常被公众广泛用以确认所居住小区的征地权属单位，了解坐落房屋各类规划指标，规划审查以及相关部门出具的意见是否已履职尽责等。公众在既有住宅增设电梯过程中通过依申请公开方式获取政府信息，已成为维护自身合法权益的强有力武器，客观上帮助解决人们垂直交通出行问题，提高老城区宜居水平。

（三）政府信息公开促进历史档案整理

越秀区历史悠久，老旧建筑鳞次栉比，许多公众申请公开老旧建筑规划和自然资源审批的相关资料，大多可追根溯源至民国时期。老城区历史档案为越秀区政府信息公开的基石，而老旧建筑档案溯源久远，查找难度巨大，这对政府信息的及时归整、调阅有了更高的要求，促使部门不断探索更便捷、高效的模式，促进政府信息公开效率不断提升，政府信息公开成为促成档案整理不断完善的催化剂。

四 存在问题

（一）申请公开信息内容经常难以界定

许多公民对专业领域业务了解不够，申请政府信息公开的内容常存在表述不清、歧义较多，导致申请公开的信息难以准确界定，需反复沟通等问题，降低了政府信息公开的效率。如某单位申请公开政府信息内容为："1995东地字96号用地红线图申请信息公开和调取档案"，申请描述内容中无相关地址，文号及"调档取案"等表述简称较为模糊。档案检索时需查找所有涉及"1995"和"96"文号的相关资料，再行查阅对比建设单位是否与申请单位名称对应，是否与申请单位所在地址对应。在检索结果已无更多信息可供分析和匹配时，工作人员本着"便民利民"和力求精准的原则，通过电话仔细沟通，再经申请单位内部查清建设单位名称是否与检索相似度高的结果一致后，依申请公开答复口径方才初步敲定。

（二）政府信息权责变更，易导致公众误解

规划和自然资源领域相关权责信息等经常随着机构改革等因素发生变化，经办人员熟悉但部分公民不掌握相关情况，往往容易产生误解，认为政府未履尽义务，提供政府信息不全，导致来访、信访等问题。如吴某申请公开政府信息内容为"中山五路某坊7号报建图、2019年竣工图、验收合格证"，广州市规划和自然资源局越秀区分局经查找后向申请人公开建设工程规划许可证批文及附图和建设工程规划核实意见书及附图。吴某获得《政府信息公开告知书》后，认为分局未提供申请获取的"验收合格证"，来访质问。经解释告知原名称为"建设工程规划验收合格证"的事项经机构改革后现已改为"建设工程规划核实意见书"，其申请获取的信息均已完整提供，之后吴某表示理解并连声道谢。

(三) 涉密、隐私或安全领域政府信息答复风险大

对涉密、隐私或安全领域的政府信息，当告知申请人不予公开时，被提起行政复议、行政诉讼风险较大，需要经办人员特别注意答复程序是否合法，理由是否充分。如某小区业主委员会，申请公开某项目的"申请加建电梯申请人身份证信息及同意增设电梯业主的不动产权属证书等"。经审查，原告申请公开的加建电梯申请人身份证信息及同意增设电梯业主的不动产权属证书属于个人隐私，不属于公开范围不予公开，理由如下：根据《政府信息公开条例》《居民身份证法》和《刑法修正案（七）》的相关规定，行政机关在履行行政管理职能过程中获取的公民个人信息应当予以保密，不得公开；违反国家规定，非法提供给他人，情节严重的，还会构成犯罪。广州市规划和自然资源局越秀区分局告知申请人并向其提供其余可公开的信息。申请人不服，向法院提起行政诉讼，认为以"个人隐私"为由，对其要求公开的加建电梯申请人的身份信息做出"不予公开"的答复违反了有关法律及《政府信息公开条例》相关规定，同时认为公开信息需求由"加装电梯"引起，与业主递交的身份证、不动产权属证书信息载体上载明的"仅限于加装电梯使用"意愿相符，理应提供。最终，法院认定：虽然在程序上广州市规划和自然资源局越秀区分局未发函征询第三人是否同意的意见，但第三人在递交的身份证信息、不动产权属证书上已载明："仅限于加装电梯使用"，应当视为第三方不同意公开涉案政府信息，遂驳回了原告的全部诉讼请求。

(四) 政府信息依申请公开专业人员配置不足

限于人员编制，目前广州市规划和自然资源局越秀区分局承担政府信息依申请公开办理职责的经办工作人员仅2名，业务经验均不足1年，却需办理年超1200宗的依申请公开案件，此外还需承担大量其他工作。人员的紧缺性、流动性和大量工作交叉重叠，容易导致工作人员深入学习依申请公开的理论和专业知识的时间和精力不足，与政府信息公开申请人的主动沟通时间较少，也较难做到全面准确地判断和分析申请内容，从而影响政府信息公开的质量。

五 建议与展望

（一）加强宣传解读

针对规划和自然资源专业领域依申请公开量井喷的现状，建议多渠道加强《中华人民共和国政府信息公开条例》的宣传和政策解读，设立政策解读和申请内容指引专窗，增强公民对专业部门业务的了解，避免反复围绕同一诉求，以不同事项和角度，重复申请，提升公民政府信息公开需求清晰度，政府信息公开答复更加精准高效。

（二）完善机制体制

政府信息依申请公开数量逐年增加，申请信息内容趋向多元，而公众法律意识不断增强，给政府信息依申请公开带来更大的挑战和更复杂的问题。顺应时代需求，提升政府信息公开服务质效是越秀区规划和自然资源部门义不容辞的职责。今后广州市规划和自然资源局越秀区分局将结合老城区特色，围绕公众需求，在研学培训、定人定岗等专业队伍建设方面，不断完善机制，推动政府信息公开工作发展进步，为公众提供更加精准高效的政府信息公开服务，打造阳光、法治、透明的服务型政府。

"广州越秀发布"政务微信运营调研报告

广州市越秀区融媒体中心[*]

摘　要：在"互联网+政务"的背景下，政务微信公众号逐渐成为发布政府信息、提供政府服务的重要平台。"广州越秀发布"作为广州市越秀区官方微信公众号，自2014年上线以来，充分发挥新媒体传播优势，通过平台及时、便捷地发布政府权威信息和服务信息，让政府服务与公众距离更加贴近。

关键词："互联网+政务"；政务微信；政务服务

当前，"互联网+政务"迅猛发展，电子政务逐渐在政府治理中占据重要地位，而作为政务新媒体的政务微信公众号，逐渐成为发布政府信息、提供政府服务的重要平台。本文结合当前政务微信发展趋势及越秀区实际，总结"广州越秀发布"微信公众号内容、运营、推广等方面问题，努力将"广州越秀发布"打造成政民沟通的高效优质平台。

一　"广州越秀发布"政务微信情况介绍

(一)基本情况

1. 运营数据

"广州越秀发布"作为广州市越秀区官方微信，于2014年11月10

---

[*] 课题组负责人：刘荣武，广州市越秀区互联网新闻舆情中心主任。课题组成员：翟晓雪、刘思铭。执笔人：翟晓雪，广州市越秀区融媒体中心副科长。

日上线。截至2020年5月,越秀区官方微信上线以来聚集粉丝110695人,发布文章3089篇,图文阅读量达8456640次。2019年1月,"广州越秀发布"微信公众号获得三项大奖,分别为人民日报主办,微博、新浪网承办的2019政务V影响力峰会"文化品牌创新奖",南方报业南方号"2018年广东政务新媒体年度区县传播力奖",以及羊城晚报智慧信息研究中心"广东政务传播力Y指数2018年度政务微信传播优秀案例奖"。

2. 平台定位

"广州越秀发布"具有三大功能:一是越秀区委、区政府政务权威新闻信息发布平台;二是越秀区城区形象宣传平台;三是贴近网民生活的信息服务平台。

3. 运行方式

"广州越秀发布"由越秀区委、区政府主办,越秀区委宣传部统筹协调并具体组织实施。以"广州市越秀区互联网新闻舆情中心"名义注册认证,成立"广州越秀发布"政务微信运营团队,腾讯大粤网负责开发及日常运营。

4. 推广渠道

一是官方微平台联动推广。利用越秀区政务为平台矩阵,通过消息发布、二维码推广等方式,推介微信公众号。二是线下投放物料提高转化率。在越秀区辖内的公共服务场所,如区文化馆、区图书馆、政务服务中心、家庭综合服务中心等公共场所投放印有"广州越秀发布"官方微信二维码、线上活动等资讯的南方全线通、易拉宝、台卡、贴纸等宣传物料,提高辖区内居民的线下关注转化率。三是线上主题活动增强互动性。"广州越秀发布"官方微信定期推出互动活动。关注官方微信、分享活动信息、对微信提出建议、投稿、征集均可获奖。通过线上活动增加与粉丝的互动频率,激发粉丝关注的热情。四是主题展览扩大影响力。通过"越享·微平台"展览,"壹号见"一周年粉丝趴等现场活动,吸引粉丝。

(二)内容管理

1. 内容规划

一是常规栏目规划。栏目内容分为固定栏目、常规板块和日常推送三大类。常规板块包括："我要办事"（办事攻略、政务矩阵、就你不知道、聊医聊、壹号见）、"我爱越秀"（新时代越秀讲堂、畅游越秀、活力商贸）、"必修课"、"给我留言"；开辟"重磅、预告、招聘、教育、医疗、征集、福利、提醒、探秘"等标签专题，发布区内社会经济、民生、文化方面资讯。

二是信息动态发布。每日发布一次群发信息，发送时间为周一至周五。内容包括越秀区重要工作动态、便民服务信息、文化知识类信息等。

三是活动策划。不定期策划微调查、微访谈等微活动。

2. 素材来源

目前"广州越秀发布"微信素材通过越秀区信息网、官方微博、媒体报道等渠道收集整理素材。同时，在全区制定"广州越秀发布"微信信息报送工作方案，从各街、职能部门上报的信息中筛选编辑；由"广州越秀发布"政务微信团队进行采编。

3. 审核管理

"广州越秀发布"政务微信的一般性信息发布实行三级审核管理，一级审核由各单位供稿时，先由成员单位领导进行审核通过才向运营团队编辑人员供稿；二级审核由微信运营团队的内容主编负责；三级审核由越秀区委宣传部分管领导负责，审核通过后方予发布（见图1）。

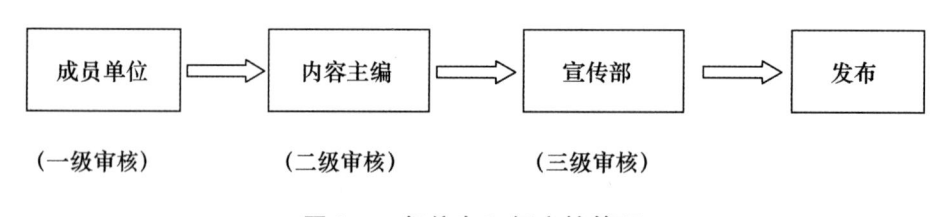

成员单位 ⇒ 内容主编 ⇒ 宣传部 ⇒ 发布
（一级审核）　（二级审核）　（三级审核）

图1　一般信息三级审核管理

重要信息、突发事件的微信发布由责任单位向越秀区分管区领导报送微信发布口径，经越秀区领导审核后方予发布，如遇涉及全区性的重大信息、敏感信息、重大突发事件及社会公众关注的热点问题，须报越秀区委、区政府主要领导审核后，方予发布。越秀区应急管理部门依照突发事件信息发布工作流程有关规定，及时向越秀区委宣传部及各相关单位提供事件及后续处置情况的发布口径。

（三）粉丝运营

1. 粉丝管理

一是做好粉丝群记录。目前，针对"广州越秀发布"6万余名粉丝，成立核心粉丝群组，对关注"广州越秀发布"双微平台的活跃粉丝、关注越秀区动态的网络大V、KOL等做好相应登记。

二是定期组织会员线下活动。把握粉丝动态，主动邀请相关粉丝参与线上线下活动，保持较好的日常互动。

三是固定板块添加"会员专区"。2019年，与腾讯大粤网合作开发会员系统，并接入越秀发布"会员专区"。"会员专区"主要设有"领取会员卡""签到""换卡"三个子板块。关注"广州越秀发布"的用户只要进入"会员专区"即可成为越秀发布的会员，会员可通过领取电子会员卡，每天签到等享受会员卡升级或领取相应福利；每月指定一天为"会员日"，赠送粉丝福利。

2. 粉丝福利

通过走访越秀区属各单位，了解各职能部门的宣传需求，并就越秀发布粉丝福利需求与各部门进行双向沟通，打通线上线下，与区属各单位形成良性互动。

二 广州市越秀区融媒体中心运营管理经验

（一）做好加法，能融尽融

2019年，越秀区正式挂牌成立区融媒体中心，积极整合越秀区内媒体资源，将"广州越秀发布"政务微信、微博平台、《越秀政务手机报》、越秀信息网和全区18条街道微社区e家通、南方号、头条号、企鹅号、大鱼号等新媒体平台整合，实现统一办公、统一管理、统一运营。越秀区融媒体中心不断加强不同信息公开平台协同联动，促进资源整合和共享，不同平台、不同栏目发布的政策信息，统一作为"广州越秀发布"政务微信内容来源，做到能融尽融。

(二) 做好减法，流程再造

越秀区融媒体中心以"广州越秀发布"政务微信等新媒体平台为主，不断强化互联网思维，大力推动新媒体建设，做好减法简化工作流程，达到一键发送，推动形成载体多样、渠道丰富、覆盖广泛的移动传播矩阵。建设"新媒体中央厨房"，以及集"策、采、编、播、发、推、评"为一体的指挥中心，简化流程，发挥好指挥中心作用，实现选题策划、选题派送、稿件审核、稿件发送等全平台化，进一步简化流程，提高新闻生产能力和效率。同时入驻了南方+、广州参考、今日头条、企鹅号、大鱼号等新媒体平台。"壹+e"政媒宣传综合体利用政务新媒体矩阵与信息时报e家通的合作，精准巧妙做强做活主旋律宣传，有效打通宣传服务"最后一公里"，在广州全市得到认可和推广。

(三) 做好乘法，发挥效果

为不断提升"广州越秀发布"政务微信的传播力、引导力、影响力、公信力，越秀区推进区级媒体融合，在"融合"的基础上"融活"，不断产生化学反应。在业务管理上，实现由多点分散向集中统一的转变；在内容生产上，实现由单兵作战向协同作战的转变，积极策划精品新闻产品，在提高内容原创力上下功夫，在优化服务上下功夫，不断增强新闻的吸引力。新闻内容在"广州越秀发布"政务微信等新媒体首发。建立越秀区互联网媒体联络群，拓展自媒体行业协会，培育互联网评论员队伍，媒体渠道更多、更广。

(四) 做好除法，理顺机制

"广州越秀发布"政务微信欲谋求长远发展，加快人才队伍建设、突破人才体制机制是关键。越秀区融媒体中心为公益一类事业单位，在机构设置上，按照融媒体发展要求，设编辑室、媒体融合科、综合科3个内设机构。一方面，转变用人机制，将逐步建立统一的人才管理体系，加大新兴媒体内容生产、技术研发、资本运作和经营管理人才的培养引进力度，优化人才结构、统一调配使用。另一方面，建立完善绩效考核机制，按照上级关于媒体融合发展改革要求，探索媒体融合发展条件下吸引人才、留住人才、用好人才的有效办法，逐步实现同岗同责、同工同酬，提升从业人员的事业心、归属感。

三 存在问题

（一）发布素材不够丰富

首先是缺乏有效的素材来源渠道，每日常规发布的内容多为采编当天的涉区活动信息或重要新闻，比较被动。其次发布内容较单一。

（二）影响力有限

目前"广州越秀发布"政务微信单条信息的阅读量均值在1200次左右，粉丝数量约11万人。运营多以常规内容发布为主，缺少具有重要影响力、话题制造能力的信息，缺乏具有创新性的互动方式，尤其缺乏具有网络影响力的大V、达人等资源的推广。

（三）技术限制制约内容生产

目前使用的微信公众平台基础版本功能较少，无论在前台用户体验还是后台编发功能上都限制了运营水平的提高。例如，投票、查询、互动页面等方面均需接入第三方端口进行二次开发方能实现。

（四）矩阵辐射引领能力不强

"广州越秀发布"微平台作为越秀区属各单位的微平台矩阵的引领者，在重大影响力和号召力上，引领和辐射能力不强。区属各单位微平台发展良莠不齐，矩阵同频共振的水平亟待加强。

（五）线上办事不便捷，基础功能有待扩充

目前，国内其他地区有政务微信已上线投诉登记及受理程度查询、多个线上服务办事功能。"广州越秀发布"政务微信在这方面并不算成熟，没有打通相关政务服务部门，形成便捷的线上服务链，受众使用线上服务具有局限性。

（六）新媒体特征不明显，发布形式多样性需加强

微信平台是典型的政务新媒体，"广州越秀发布"政务微信对于视频、音频、Flash 等新媒体形式的使用率并不高。

（七）没有充分发挥既有的自采自编能力

"广州越秀发布"政务微信的编辑人员具有一定的新闻专业水平，同时也具有一定的自采自编的能力，尤其是在政务信息上具有优势，但这并没有在推送的信息中充分展现。无论是原创性信息、整合性信息，还是二次编辑的信息，应当考虑适当地、合理地加入自行采访的内容。

（八）与受众互动不够积极，回复不够及时

首先，"广州越秀发布"政务微信的互动机制并不完善，后台没有设置自动回复和关键词回复，回复的即时性大打折扣。其次，尽管发送的信息也会得到人工回复，但其主观性强，回应的内容往往不够及时和准确，这会消磨受众互动的耐性，不利于及时收集反馈、意见和建议。

（九）关注突发事件动态，舆论引导不够及时

"广州越秀发布"政务微信对辖内突发事件、危机事件进行有效处理和引导能力还不够，没有很好整合突发事件相关部门处理情况的第一手资料抢先发布，引导媒体对事件的客观报道等。

四 优化提升建议

（一）继续整合区内优势资源

一是要拓宽素材来源渠道，建立区属单位微平台日常信息报送机制，丰富日常发布内容。二是要积极对接调研，主动加强与重点单位的沟通，有针对性挖掘越秀区热点亮点信息资源。三是要加强与区属各单位合作，在专题新闻策划、重要群众活动组织等方面巧妙融入新媒体力量，挖掘推广载体。四是建议对信息报送进行激励通报，对各单位的信

息报送形成机制。

(二) 探索建立微平台矩阵联盟

如与"广东发布""广州发布"等网络主流媒体,"南方+""掌上羊城"等传统媒体公众号等建立联系的政务新媒体协同式联盟;与"越秀党建""越秀政法""越秀教育"等区内微矩阵建立联系的职能部门垂直式联盟;与"海珠发布""天河发布""番禺发布"等广州市兄弟区微平台建立联系的区域水平式联盟,拓展网络推广资源,促成之间的相互转发、分享、宣传推广等,有时亦可联动组织、策划活动,彼此相助拓展传播范围。

(三) 加强"精品"内容生产策划

调整优化常规板块设计。对于每日群发内容,在选题上,平衡各类信息比重,寻找更接地气的切入角度。在文案上,推出更具吸引力的话题设计。在展现形式上,除图文外,引入视频、语音等富媒体形式。在栏目设计上,策划更多有趣、新意的内容。在素材来源上,可通过征集、约稿等方式实现多元化。在互动内容上,围绕宣传主题开发如微杂志、微投票、微抽奖等互动程序。

(四) 讲求信息发布策略

"广州越秀发布"政务微信应当讲求信息发布的策略,及时发布重要信息,如突发事件、重大事件发生后,整合突发事件相关部门处理情况的第一手资料抢先发布;又如与权威专家等受众群中的意见领袖合作,或是引用和整合知名传统媒体对事件的客观报道等。此外,专门设置"辟谣"专栏,该类信息主要就关于越秀的公共舆论中的谣言、流言进行有理有据的澄清,提升公信力,树立"威信"。

(五) 增加粉丝基数

充分挖掘和利用本土信息资源优势,打造本土化、个性化的特色内容,增加粉丝基数,增强互动性。除了问答互动外,可通过线上游戏、投票、有奖转发等形式进行互动。除了重视互动过程,完善后台回复功能，重视受众对于公众号本身以及对于政府或职能部门的意见、建议和反馈等。开发会员系统，开辟"会员专区"。每月指定一天为"会员日"，赠送福利。创新线下吸粉活动形式，搭建拓展区内外合作伙伴，联合推广"广州越秀发布"品牌。

（六）加大政民互动力度

增加关键字回复功能，加入"医院挂号""入读学校""越秀停车"等关键字自动跳转功能，一个核心功能就可以带动一个号留下鲜明的用户记忆。同时参考"广东发布"的医问医答栏目，给出医疗建议、辟谣的同时，送出一批专家号。联动区卫生健康局，在"广州越秀发布"微信菜单栏搭建社区医院挂号入口。联动区教育局，通过相关策划吸引家长群体的关注，增加粉丝关注度。

北京街社区服务与公开实践

广州市越秀区人民政府北京街道办事处[*]

摘　要： 社区是城市的"单元"、社会的"细胞"。越来越多的公众生活需求反映到社区层面，社会问题与矛盾也越来越多地下沉到社区。社区工作大量的公共事务需要协商、合作、沟通，公众参与社区治理已经成为一个必然的趋势。而社区信息公开则是公众参与的重要前提。本文梳理了越秀区北京街社区信息公开的基本情况，总结其经验与亟待解决的问题，并尝试提出推进社区服务和公开工作的一些举措。

关键词： 社区服务；社区治理；信息公开

当前，基层社区居民群众的需求日益呈现出多样化、多层次的趋势，这给社区服务提出了新的更高的要求。社区公开就是社区居委会以一定的形式和程序，把涉及居民利益的事务向全体居民公开，以便居民参与决策、实施监督。社区信息公开作为社区居民参与社会治理的基本前提，社区居民对社区性质、社区功能等了解较少，社区治理公民参与率偏低，都和社区信息公开存在着直接或者间接的关系。北京街近年高度重视社区公开工作，但是仍然存在很多不足和问题。要提升社区治理能效，提升社区信息公开工作效率势在必行。

---

[*] 课题组负责人：黄锷，广州市越秀区人民政府北京街道办事处主任。执笔人：李玲，广州市越秀区人民政府北京街道办事处工作人员。

一　背景与任务

2008年5月1日,《政府信息公开条例》正式生效,标志着政府信息公开步入制度化、规范化、法治化轨道。2014年11月,广东省人大修订的《广东省村务公开条例》,要求社区参照该条例规定,按照规定的时间、形式、程序和标准,将涉及社区切身利益、社区经济社会发展的事项以及居民普遍关心的其他事项予以公布,接受居民监督。按照依法、全面、真实、及时、规范的原则,实行事前、事中、事后全过程公开,保障居民的知情权、决策权、参与权和监督权。

党的十九届四中全会指出,社会治理是国家治理的重要方面。必须加强和创新社会治理,完善党委领导、政府负责、民主协商、社会协同、公众参与、法治保障、科技支撑的社会治理体系,建设人人有责、人人尽责、人人享有的社会治理共同体,确保人民安居乐业、社会安定有序,建设更高水平的平安中国,构建基层社会治理新格局,完善群众参与基层社会治理的制度化渠道。这为社区服务指出了明确的工作方向和目标。在公众参与社区治理的必然趋势下,公众要实现参与社区治理的重要前提,便是获取社区治理的相关信息,如果没有信息的有效传递,公众无法获知社区功能、公民权利、社区治理内容、参与方式与途径等,公众参与无疑是"空中楼阁"。

近年来,在省、市、区的领导下,社区公开制度规范不断建立完善,但距离真正实现信息有效公开还存在一定差距,从而导致社区治理中社区服务的水平和公民参与率还有待进一步提升。那么,社区治理过程中社区服务信息公开还存在哪些问题?社区信息公开对社区服务和社会治理存在哪些方面的影响?越秀区北京街做了一些探索实践,取得了一定成效。

二　北京街社区服务与公开主要举措

（一）以党建为引领，推动社区服务和公开

过去，社区承担的行政事务多，服务群众的资源和手段少，常常"小马拉大车"。为破解这一痛点、堵点问题，广州市和越秀区注重加强对街道社区的支持和资源保障，大力推动资源、管理和服务力量向下沉到基层，不断做实基层，使基层党组织回归本职、轻装上阵。一是为社区"减负"。聚焦增强社区党组织服务功能，出台为基层减负10条改革措施，持续开展社区减负专项行动，集中整治牌子多、台账多等问题，将全市社区协助事项35类175项缩减至15类76项，让社区干部真正把心思放到察实情中，把功夫下在服务群众上。二是为社区"增配"。明确书记、主任"一肩挑"的社区增配1名专职副书记，1—3名组织员。三是在社区"建强"。北京街统筹整合党建、民政、教育、文化等各类服务资源，在全街13个社区建立党群服务站。

（二）创新"四提四议两公开两监督"工作法

为深入贯彻广州市推行的"四议两公开"工作法，北京街结合实际，将"四议两公开"深化为"四提四议两公开两监督"，在各社区推开实施。

"四提"即党员提、群众提、居民代表提、单位代表提。社区党组织采取广泛征求意见的形式，通过"党员提、群众提、居民代表提、单位代表提"的方式，由十分之一以上党员或群众、五分之一以上居民代表和辖区内单位代表联名针对社区重大事项进行提议，通过将提议环节前置，扩大提议范围，规范提议形式内容，使提议更加符合本社区发展实际，符合群众意愿。

"四议"即四步商议。一是社区党组（党委、总支、支部）会提议。根据"党员提议、群众提议、居民代表提议、单位代表提议"的方式确定议事事项，集体研究提出初步意见。二是社区两委会商议。召开两委会议，对提出意见进行商议，必要时可邀请有关方面人员参加。

对分歧较大事项，根据实际条件，可采取多种简便方式现场表决，依照少数服从多数的原则确定最终意见，并报街党工委审核、备案。三是党员大会审议。社区两委商定的事项，再提交由党员大会讨论审议。四是居民代表会议或居民会议决议。按照相关法律规定，由居民代表会议或居民会议讨论表决党员大会通过的事项。

"两公开"即决议内容公开、实施过程和结果公开。决议内容公开是指决议通过事项，必须在社区活动场所和居民小组居务公示栏公告，公告期不少于7天。实施过程和结果公开是指决议事项实施进程和结果及时向全体居民公示。

"两监督"即群众和上级党委政府监督。决议实施过程和结果，要主动接受群众的监督，在实施过程和实施结果公开的基础上，要发挥党员大会等社区自治组织的作用，对结果进行审查并及时公示。决议实施过程和结果要向上级党委和政府进行备案，接受监督，必要时可以由财政、审计等部门对决议实施结果进行审计。

（三）推行周五街坊主题服务日

每月第1周的星期五上午，开展社区民情收集活动。每月第2周的星期五上午，开展社区协商议事活动。每月第3周的星期五，开展社工服务活动。每月第4周的星期五，开展社区党员服务活动。以2019年为例，各社区议事次数共计59次，形成决议数71项，执行落实309项，其中环境卫生34项、为老服务144项、青少年服务1项、社区消防27项、社区安全21项、旧楼加装电梯5项、小广场管理3项、宠物管理5项、化解矛盾纠纷16项、来穗人员服务管理53项；累计参与协商人数达240人，其中包括政府职能部门代表、党员代表、女性代表、非户籍人员代表、企事业单位代表、业委会成员、人大代表、政协委员、社工代表等。

（四）实行社区服务分层议事

通过开展分层议事机制，既为社区居民提供服务，也推动落实社区信息公开相关工作。一是成立社区议事会。由社区党组织书记担任召集人，成员由楼组长代表、"两委员一代表"、社区社会组织负责人、物业服务企业代表、辖区单位代表、居民代表、异地务工人员代表等担任。按照收集问题、形成议题、审核议题、会前协商、组织实施、决策公布、民主监督的工作流程开展工作。二是成立大院（片区）议事会。将社区合理划分为若干个大院（片区），对涉及停车、文化设施安装、绿化环境卫生、围蔽管理、业主委员会成立以及其他需要楼宇之间协商的问题进行议事，需不少于三分之二的楼组长和居民代表参与议事，议定的事项需在大院公共场所位置公示7天。三是成立楼宇议事会。以楼栋为单位，对楼栋内部事务，如邻里纠纷、外墙整治、下水道堵塞、水池清洗、电梯安装、电子门禁安装等进行议事，需不少于三分之二的住户代表参与议事，议定的事项需在楼宇内部公共场所位置公示7天。

（五）探索社区服务信息公开新渠道

按照常规做法，街道主要依托社区以及各小组宣传栏实现社区信息公开。社区设有固定的党委居务公开栏、宣传栏。社区通过宣传栏的形式将社区重大事项（如：社区两委换届选举情况等）、服务信息、各类相关活动、社保缴纳、低保低收等信息，地震、地质灾害预警信息及时发布，让居民更加方便直观地了解社区信息。

在"互联网+"不断深入到社会各个领域的大背景下，北京街探索将社区信息公开工作与"互联网+"结合起来，既保持原有的信息公开渠道，又在此基础上，以"互联网+社区服务"为突破口推进社区服务公开，进而推进整个社区服务信息公开工作。一是全力打造"微社区e家通广州北京街"公众号，北京街道联合信息时报推出，致力于打造本地专业、权威的综合资讯平台。扎根社区，深耕社区，服务社区。二是积极打造"北京街坊同声同气"微信小程序。2019年，北京街依托"越秀人家"信息化服务平台，率先开发推广"北京街坊同声同气"微信小程序，实现党员线上报到和线下报到结合，居民线上议事和线下服务结合，打破时间空间限制，让党员群众动动手指就能掌握社区情、协商社区事、参与社区活动。

三 初步成效

(一) 实现社区服务零距离

作为基层减负便民试点街道,北京街党群服务中心对原有的"7＋1"项服务(党员服务、政务服务、法律服务、网格化服务、来穗人员服务、群团服务、文体服务以及党群服务热线)优化升级,共计包括14个部门88项业务查询、打印,不用再逐一奔跑到各个单位,只需要到北京街党群服务中心办理即可。实现"一站式、零跑动",让居民真正享受实惠。以2019年为例,党群中心政务大厅办理业务总数58872件,其中综合窗口33000件,人社专窗25872件,二次录入并办结事项33302件,办结率100%;全年居民有效投诉0宗。

(二) 社区公开实现"五化"

一是设施建设标准化。按照广东省民政厅的社区居务公开栏样式,对辖区内居务公开栏进行统一规划、统一设计、统一模式、统一安装,公开栏包括年初公开、每月公开、及时公开三大主要内容,及时完成了社区党务居务公开栏规范化建设工作。二是公开内容规范化。根据《广东省村务公开条例》要求公开的八大项内容,进一步细化居务公开内容,将低保、特困的确定、医疗救助、集体资产管理使用等工作及时纳入居务公开内容,确保内容不遗留、标准不降低。三是公开时间经常化。工作计划及执行情况,每年公布一次;涉及财务事项每月公开;涉及居民切身利益的重大事项、重大决策和居民普遍关心的事项,及时公开。四是公开形式多样化。除了固定的居务公开栏,结合公开内容性质,灵活召开社区议事会、大院(片区)议事会、楼宇议事会、"微社区e家通广州北京街"和"北京街坊同声同气"公众号、印发宣传资料等多种形式进行及时、全面公开。五是公开地点公众化。各社区均在群众居住集中、醒目的地方统一设置固定、永久的公开栏,及时做好村务公开栏的维护、管理,确保公开栏的宣传主阵地作用。

（三）解决为民服务难题

一是推动解决了加装电梯难题。对北京街来说，难在老年人多，需求大，楼龄长，楼道窄，古迹多，红线内，公房私房，主体复杂……每推进一宗工作，都要各部门、各社区花费大量心血。但是，北京街迎难而上、硬啃骨头，真正帮助居民解决了实际困难。2019年完成12宗老旧楼宇加装电梯，目前已累积加装电梯共计28宗，接待居民群众现场咨询和电话咨询共550人次，派发既有住宅加装电梯工作手册196份，摸查辖内4层及以上的无电梯旧楼宇377栋，为协调各方意见，社区居委召开加装电梯协调会83次。

二是推动了垃圾分类有成效。为全面推行垃圾分类定时定点投放模式，北京街将原有87个垃圾桶点缩减到54个，其中定时桶点32个，误时桶点22个。定时桶点投放时间为19:00—21:00，误时桶点投放时间为全天24小时。都府社区率先在全越秀区引入第一个误时智能分类垃圾桶，让居民通过挥手感应投放垃圾。截至目前，误时智能分类垃圾桶已经在全街13个社区全部投放。2019年，北京街垃圾总量30252.75吨，分类率23%；日均收运餐厨垃圾230桶约18.4吨，收运量位居全区前列；餐饮垃圾总量3879.84吨，同比增加1188.86吨；分类出的餐饮垃圾比上年上升接近50%，有效实现辖区餐饮店其他垃圾大幅减量。

三是提高了养老服务水平。北京街高度重视养老工作，不断推进构建"10—15分钟"助餐配餐服务网络，通过多种养老服务保障渠道推动养老助餐配餐服务扩面提质；不断探索医养结合社区"微养老"模式，与社会服务机构合作，依托星光老人之家、北京街日间托老中心，积极开展社区医养结合项目，为符合条件的社区长者提供居家养老服务和上门医疗服务，实现社区"微养老"。新建北京街长者综合服务中心300多平方米，新建康复理疗站服务556人次，2019年助餐配餐合计人数26236人次。

四 存在问题

（一）社区公开责任主体认识存在偏差

社区既是社区服务的提供者，也是社区信息的占有主体，更是社区信息公开的责任主体，将应公开的社区信息向社区民众公开，既是社区的权利，也是社区的义务。但从现实情况看，社区服务公开会增加管理的风险成本，社区服务公开责任主体选择不公开的概率远远大于公开概率，或者通过缩小公开范围、减少公开数量、公开时长等方式降低成本。社区服务公开仍维持在一个中等水平，社区公开工作依然存在公开责任主体思想、素质水平参差不齐，一定程度上存在思想上不重视公开，行动上公开不及时、不到位的现象，在社区党务、居务、财务等信息公开的重点领域仍存在着公开不及时、形式不规范、内容不具体等问题。

（二）社区服务公开工作宣传力度不足

对社区服务公开的宣传力度仍不到位，没有将信息公开的目的、效用等宣传深入人心，宣传工作存在死角，广大居民对自身拥有的知情权、参与权、监督权和决策权认知、认识不到位。这也是造成社区居民不关心、不参与、不会监督、不敢监督社区信息公开，社区治理公民参与率偏低等问题的原因之一。

（三）社区信息公开渠道需进一步拓展

就目前而言，社区服务公开的渠道还较少，且比较单一，大多数公开渠道仅限于宣传栏，缺少网络的信息公开平台，与时俱进程度不够。北京街多个社区在拓展渠道方面，从"互联网+"的角度进行了探索，将互联网与社区信息公开工作结合起来，并取得了一些成效，但目前仍局限于"党务公开"方面。而且，要推广"互联网+社区信息公开"，不仅需要观念的转变，更现实的是，无论是硬件还是软件的更新，都需要大量资金的投入，这无形又给社区本来就不充裕的资金带来更大的压力，进而对社区信息公开渠道的建设产生极大阻力。

（四）社区信息公开覆盖率仍有待提升

传统的社区服务公开方式，由于公开内容、公开形式等的局限，社区居民有效接收信息的比例较低，即使引入了"互联网＋"等多种信息时代新兴信息公开方式，也往往会因为社区居民的条件限制，依然无法达到很高的覆盖率。北京街各社区在"互联网＋"方面的探索，在社区居民的年轻人群体中较为适用，但是对于一些老年人群体、低收入群体等，由于接收信息设备、运用网络能力、受教育程度参差不齐等局限，使得"互联网＋"的优势较难全面发挥出来。

五 建议与展望

（一）转变思想观念，强化法制意识与服务意识

一是加大宣传教育力促思想观念转变。针对社区服务公开主体对公开权利、义务认识存在偏差的现状，建议省、市、县、乡四级联动，自上而下不断加强对社区信息公开重要性宣传教育。一是通过加大宣传，使信息公开、信息共享意识深入人心，解决社区服务信息公开主体不重视公开的问题；二是可以通过各种途径加强对社区干部的培训和素质提升，逐步使社区干部消除观念上的障碍，解决主体不愿公开、怕公开的问题；三是加强对社区干部特别是新上任社区干部的培训，化解公开主体不懂公开的现象。在转变公开主体思想观念的同时，重视对社区民众的知情权、参与权、监督权的宣传，增强社区民众对社区信息公开的关注度，调动社区民众参与社区信息公开的积极性和主动性，提高社区治理公民参与率。

二是强化社区的制度意识、服务意识。从实际出发，坚持实际、实用、实效的原则，不断提升社区工作者制度意识和服务意识。充分利用行政干预、媒体宣传等方式，营造社区信息公开有制度必依的良好局面，对社区工作人员进行相关制度和政策、社区信息公开工作规范操作流程的培训，通过梳理社区信息公开具体实施方案等方式，帮助社区更

加明确自己的职责，向社区居民提供优质、高效的信息服务，保障公民知情权、监督权等权利的实现。例如，可以编制《社区服务公开手册》，将与社区服务相关的法律法规，国家、省、市、区级配套指导性文件集中收录，并用案例问答的形式，对社区信息公开过程中的常见问题进行解答，方便社区工作者对照规范学习，成为社区干部、群众从事社区信息公开活动和解决实际问题的重要法律参考。同时要更新跟不上实际工作变化的情况，可以采取定期收集新政策、新问题的做法，由相关职能部门对手册进行定期更新。可尝试将手册开发为电子手册，便于在手机、电脑等常用的设备上操作使用，开通互动更新功能，社区工作者在使用手册同时可以同步将新情况新问题提交到电子手册平台，一方面方便职能部门收集新情况，另一方面有助于新问题处置方法及时反馈到基层第一线。

（二）完善制度建设，强化制度可操作性

1. 健全社区信息公开的相关制度

目前，现有的社区服务公开制度，基本仅有规定信息公开的原则要求、内容范围以及相应的法律责任，但是对于信息公开必须遵循的程序、公开的方式，还有怎样保证公开信息的真实性等，却没有相应的规定。在具体工作中，由于缺乏明确具体的程序性指导，基层社区在信息的公开方面存在诸多障碍。除进一步明确具体程序之外，应对信息公开的监督机构予以明确，确立信息公开监督机构的地位。社区服务公开除在法律法规层面的设置之外，关键还在于相应的保障制度，比如公开渠道的建立，统一公开的标准。建立到位的监督机制，保证信息公开的有效性和真实性。并进一步健全信息公开的责任追究机制，只有明确了相应的责任后果，信息公开才能真正起到实效的作用。同时，鉴于目前的救济机制是缺失的，还应进一步完善救济机制，进一步保证相关权利人可以通过相应途径获得信息。

2. 强化社区信息公开制度的可操作性

社区信息公开制度的可操作性，直接关系着信息公开工作的开展，操作性不强，必然会影响到社区党务、居务、财务等信息公开的重点领域公开及不及时、形式规不规范、内容具不具体等。打破目前存在的社

区信息公开制度可操作性不强的问题，需要从两个层面进行提升。一是需要各级政策制定者转变工作方式，深入了解社区实际、广泛听取社区一线工作人员的意见建议，紧密结合实际制定政策，避免政策与实际情况背离或浮于现实之上的情况出现。二是社区层面在制定实施方案时，既要吃透相关法律法规和指导政策，又要结合社区实际，融会贯通，因地制宜地制定规范的公开程序，切实提升实施方案的可操作性。

（三）加大宣传提高公众认知度，培养民众的民主意识和参与能力

1. 加大宣传提高公众认知度

加大对社区信息公开工作的重视和宣传，探索实践新的公开方法、拓宽公开渠道。社区干部应利用社区信息公开工作惠民等的典型案例进行总结和宣传，有效挖掘信息公开带来的正面效应。

2. 培养民众的民主意识和参与能力

各级政府部门，特别是社区，应该加大宣传，进一步培养群众的民主意识，设置参政议政的渠道，让群众积极参与到信息公开中，也让信息公开真正成为群众了解政策的方式。应该将群众批评建议权利，落到实处，让群众有民主参与的保障。

（四）规范社区信息公开，积极探索自主深化社区公开内容

1. 全面规范社区信息公开制度

首先，从社区信息公开的内容开始规范，进一步明确每一类列为公开信息范围的所应包含和涉及内容，如果能形成公开内容库，将对防止公开过程中出现随意性、盲目性，解决公开内容确定困难等问题。公开的内容应该随着实际情况的变化不断更新，并深化为对公开事项做到事前、事中、事后全过程的公开。其次，社区信息公开还应注意时限规范，相关信息的公开应该具有公开时限，信息公开要及时有效，否则公开就毫无实质意义。再次，社区信息公开还要注意程序规范，建议按照"提议—审查—确定—公开—建档"的规范化流程进行公开，同时，结合各地的实际情况，因地制宜地制定规范的公开程序。最后，还应该关注的是社区信息公开的形式规范，建议从目前的固定公开栏、宣传册页等传统公开形式的基础上，更多地结合当地的条件采取当地民众更易接

受的方式进行公开。

2. 积极探索自主深化社区信息公开工作

社区作为社区信息公开执行者，对社区信息公开工作的开展如何优化最为了解。上一级制定政策与实际情况对口欠佳的问题，可以由社区层面进行优化、深化。北京街各社区结合实际尝试将"四议两公开"深化为"四提四议两公开两监督"是一个很好的探索。社区在执行社区服务信息公开工作过程中，还可以结合实际，探索从公开内容合理拓展、根据信息接收人群不同定向公开等方式，自主深化社区信息公开工作，提升社区信息公开效能。

（五）深入挖掘"互联网+社区服务公开"潜力，开拓新渠道

1. 更新观念，跟上"互联网+"时代脉搏

党的十九届四中全会提出要构建党委领导、政府负责、民主协商、社会协同、公众参与、法治保障、科技支撑的社会治理体系。新时代，社区服务公开工作要依托"互联网+"开展社区服务管理创新，破解社区服务管理领域难点、痛点、堵点，社区信息公开与"互联网+"相结合方面做出进一步的探索，利用平台探索逐步将"政务""事务""财务"等方面的社会服务信息公开，开拓好社区服务信息公开新渠道，深入挖掘这一新渠道的潜力。同时，将原有的公开渠道和"互联网+"公开渠道结合起来，尝试引用社区大数据统计，针对不同的人群需求，有针对性地有效投放社区公开信息，提升社区信息公开效率，弥补网络无法覆盖老龄、低收入、受教育程度低等群体的劣势。

2. 保障投入，发挥好"互联网+"效应

要实现"互联网+"与社区服务信息公开的良好结合，必要的人力、财力投入需要保证。社区资金来源单一，还需要省、市、区级以及街道办事处等各级部门的上下联动协力支持，同时需要对社区操作人员进行定期培训，实现知识更新，才能适应"互联网+"新形势和不断变化的基层情况。

六榕街政务公开实践经验

广州市越秀区人民政府六榕街道办事处[*]

摘 要：街道党工委、办事处以人为本，牢固树立为民执政的理念，从建立健全"三项制度"、创新窗口公开"三种模式"、推行"一站式"服务、打造"线上+线下"公开平台等入手，坚持以政务公开推进街道各项工作，把开展政务公开作为密切党群干群关系、加强机关作风建设的重要突破口和载体，不断加强领导，规范运作，强化监督，为民服务水平显著提高，基层政府在群众中的威信得到提高，为六榕地区的经济社会全面发展提供保障。

关键词：政务公开；窗口公开；"线上+线下公开"

街道社区作为基层政府，直接联系服务人民群众，是上级决策部署的重要执行者，在打通政府决策与人民群众之间"最后一公里"的过程中起着至关重要的作用。政务公开是推动转变政府职能、深化简政放权、创新监管方式、建设法治阳光服务型政府的重要举措，对于坚持和完善基层民主制度，密切党和政府同人民群众联系，加强基层行政权力监督制约，提升基层政府治理能力具有重要意义。新时代政务公开是保障人民主体地位的具体举措。推行政务公开，是政府服务人民、依靠人民、对人民负责、接受人民监督的重要制度安排。政务公开在党和政府

---

[*] 课题组负责人：马红民，广州市越秀区人民政府六榕街道办事处党工委副书记、办事处主任。课题组成员：江英、黄哲晖、孙爱杰、张华纯。执笔人：张华纯，广州市越秀区人民政府六榕街道办事处党建指导员。

与人民群众之间搭起了沟通联系的桥梁纽带。政务公开质量在一定程度上影响着党的群众路线的贯彻落实。

一 背景与任务

六榕街高度重视政务公开工作，遵循"以人为本、服务社会"的原则，认真贯彻《越秀区2019年政务公开工作要点分工方案》（越府办〔2019〕23号），切实做好街道政务公开事务，加强对行政权力的监督，进一步密切党群、干群关系，努力建设"廉洁、勤政、务实、高效"的政府。

街道政务公开以依法公开、真实公正、有利监督、注重实效为基本原则，切实做到依照国家法律、法规、规章和有关政策规定进行公开；公开的内容真实可信，办事结果公平公正；方便群众办事，便于群众知情，利于群众监督；从实际出发，突出重点，循序渐进，讲求实效，使政务公开成为履行政务的基本工作制度和工作方式。

通过推进政务公开，街道机关各科室和社区服务中心、来穗人员和出租屋服务管理中心、各社区的工作作风明显改进，工作效率明显提高，依法管理、依法办事、依法行政水平明显提高，民主决策、民主管理、民主监督制度得到落实，民主政治建设得到加强，街道经济、社会各项事业全面进步。

二 主要举措与实践

（一）健全政务公开"三项制度"，规范政务公开工作

一是责任制度。按照"谁主管谁负责"的原则，各科室负责人对政务公开工作负全面领导责任，分管领导对其分管范围内的政务公开工作负直接领导责任，各职能科室、社区负责人负责本部门（社区）政务公开工作，街道党政办负责政务公开工作的组织协调，进一步强化责任追究制，形成一级抓一级，层层抓落实的责任体系。

二是评议制度。结合民主评议行风活动，听取街道纪工委组织对单位政务公开情况的评议，组织单位全体干部职工进行民主测评，不断提高民主监督质量和水平。

三是反馈制度。采取设立政务公开意见箱，全街共设立意见箱 18 个，广泛征求群众对政务公开的意见和建议，及时解答群众提出的问题和评议发现的问题，从而建立良好的干群、政群互动关系，促进各项工作开展。

（二）创新窗口公开"三种模式"，提高为民服务成效

一是实行"窗口加盟"服务模式。街道逢周五有律师驻场社区，接受群众的咨询。律师驻场将最新的法律知识送到群众耳边，解答与群众相关的法律知识问题。实现"一社区一法律顾问"全覆盖，成立六榕街家长学校法律讲师团，每个社区安排一名法律顾问，免费为社区群众提供法律咨询、法律援助和法制宣传，群众不出社区即可享受到法律服务。2019 年，全街共进行法律宣传 100 余次，解答群众法律咨询 150 人次，参与调解民间矛盾纠纷 50 余件，协助处理其他涉法事务 75 件。建立检察工作联络站，开展社区诉前联调和司法援助进网格活动，提升社区群众法律意识，促进民事和解。

二是实行"窗口下沉到社区"模式。为有效破解居民"办事难""办事烦"的难题，街道以关注民生为出发点，坚持以人为本的服务理念，充分发挥社区在社会发展中的作用，切实加强社区综合业务服务。把省、市的业务系统延伸到社区，在全街 16 个社区建立社区便民服务窗口，将关系到群众的出租屋、民政、计生和残联等业务内容下放到社区居委会，实现在社区受理、查询和办结，使人民群众切实享受"数字政府"带来的实惠。此举既便于居委会准确、及时了解辖区居民情况，也免去居民办事在街道、居委会两头跑的麻烦，切实把科学发展、便民服务的成果转化成群众看得见、摸得着的实惠，进一步拉近街道、社区与居民之间的距离。

三是创立"两会一栏"社区自治模式。建立榕树头议事自治会，建立"楼宇、小片区、社区"三级联动、"居民户、机团单位"相结合的榕树头议事自治会，充分吸收民智民意，使居民意见转化为社区服务管

理的具体举措。建立居民意见咨询委员会，在社区服务管理重要时间节点召开居民意见征询会，征求群众对社区服务管理的意见建议。建设百姓话事栏，及时公布社区建设进展，使之成为居民参与社区建设的重要阵地。各社区依托"两会一栏"平台，积极组建居民自治队伍。例如，彭家巷社区发动近80名党员群众成立"社区楼道闪光志愿服务队"，对重点特殊人员进行定时定点上门探访、对困难党员群众提供帮扶服务等，成效显著。

（三）推行"一站式"服务，确保阳光政务常规化运行

一是实行首问首办。街道政务服务大厅共设8个为民服务窗口，每个窗口都设立指示牌及服务评价系统，并在一楼大厅设置咨询台，为前来办理业务的市民解答业务问题，落实一次性告知，提高办事效率，有效避免群众重复办理。在社区服务中心大厅设立负责人，负责协调处理居民在办事过程中出现的不满意投诉，接待来访群众。深入推进"数字政府"建设，2019年街道政务大厅改造提升，群众办事更加舒适便捷。

二是精简办事流程。对审批项目依据、办事程序、必备材料、办事时限、收费标准、办事结果、投诉电话、人员岗位等内容上墙进行公示公开，对未能当场办理的事项，要求综合办事窗口服务人员及时向服务对象主动承诺办理时限，自觉接受服务对象和社会各界的监督。建立便民服务代跑代办工作规则，为有需求的居民提供上门暖心服务。

三是完善硬件软件设施。在街社区服务中心办事大厅内居民办事等待区设置电子滚动屏，滚动播放最新政策法规文件、工作动态、便民服务、图片资料、办事流程、公益广告等，让群众在等待过程中获取与之息息相关的第一手资料。各个办事窗口工作人员暂时离开及时摆放去向提醒，或者安排其他人顶岗，群众办事不再久等、空等。在显眼位置设立举报电话和举报信箱，健全行政监督机制，设立投诉专线，扩大居民的知情权、参与权、监督权。

四是加强事务处理培训。为提高窗口办事人员处理事务的能力，街道专门举办相关政策法规、业务知识、职业礼仪、职业技艺等培训。2019年共组织职工培训4次，并着手制定规范服务用语，提升政务服务中心工作人员的亲和力和服务质量。

（四）探索线上公开"六榕模式"，提高公开成效

一是社区网格化服务管理模式在全市推广。全街16个社区共划分136个网格，平均每一名网格员服务管理近200户居民。为确保对网格的无缝化管理、精细化服务，每个网格均配置定向网格员A及辅助网格员B，建立起"社区有网，网中有格，格中定人，人尽其责"的服务管理格局。对12大项121小项的城市管理类、10大项78小项的社会管理类入格事项进行梳理。结合越秀区构建"令行禁止，有呼必应"党建引领基层共建共治共享社会治理格局，结合网格化服务管理平台，开展"越秀先锋"政务微信平台试点工作，打造一个从"呼"到"应"的闭环，让群众有"呼"的畅通渠道，基层党政组织时间上能及时"应"、解决问题上能高效"应"、结果反馈上能满意"应"，形成良性的一体化共享共治格局。2019年，通过"令行禁止，有呼必应"综合指挥调度平台"协同治理"机制处理事项1285宗，办结率为99.8%，真正形成小问题不出网格，一般问题不出社区，突出问题不出街道，重大问题及时上报的良好局面。

二是内外部政务信息公开结合。街道信息公开分政务内部办公系统和外部信息党务政务公开两大部分。内部办公系统包括网上办公、事务处理、文件管理等功能，满足街道社区管理业务的需求，实现数据的共享和传输。外部信息党务政务公开是通过"越秀信息网"网站、"越秀党建网"网站、"微社区e家通智慧六榕"微信公众号、"越秀人家"小程序向居民公开街道、社区的概况，各种事务处理办法等。通过规范、统一和汇总人口、民政、劳动等信息资料建立基础信息资料库，满足街道、社区的民政、人口、卫健、劳动、城建、经济等多种业务管理的需求，实现数据的共享，实现了信息发布迅速化、公文处理无纸化、业务资料共享化。"微社区e家通智慧六榕"公众号，是街道联合信息时报专业媒体共同推出，致力于打造辖内专业、权威的综合资讯平台，扎根社区，深耕社区，服务社区。2019年发布便民惠民信息近800条。

三是分片包干指导线上信息发布。围绕街道、社区的政务动态将辖区分为四个片区，由四名党建指导员分别负责收集、整理、上报、更新社区活动信息。各科室有专门工作人员负责本部门活动信息的撰写上报。党政办安排专门人员对网上党务政务公开的信息进行及时更新维护，将工作相关的政策和进展情况及时在网上进行公布，实现了网上党务政务公开内容的随时更新，做到网上党务政务公开的时间与内容相适应，保证制度性、政策性内容长期公开，阶段性工作阶段性公开，经常性工作及时公开，动态性工作随时公开。

（五）畅通线下渠道，及时广泛回应群众困难

一是构建驻点领导干部驻点社区常态化机制。街道驻点领导干部定期到驻点社区开展群众接访活动，群众提出的问题，驻点领导干部认真听取意见，详细做好相关记录登记，驻点领导干部在下访中同时宣传党的政策，了解群众对政策执行过程中遇到的问题，倾听群众的呼声和诉求。社区根据群众提出的问题，进行收集汇总，按照问题的归属性和责任区域性落实负责人，然后由相关负责人与职能部门进行协商解决和反馈解决问题信息。2019年驻点领导在各自挂点社区共开展驻点工作40余次，解决群众困难近600件。

二是整合政务服务资源。进一步加强各项载体建设，全街共建设社区宣传栏132个，政务公开栏用于居民群众息息相关的日常政治事务、法律知识、科学知识等的普及，发挥好政务公开栏、公开办事指南、社区宣传栏等在政务服务中的作用。推进社区"三公开"，认真落实《政府信息公开条例》，全街实行统一挂牌上岗，在各社区建设"党务公开栏""政务公开栏""居务公开栏"三合一的宣传阵地，主动公开社区党组织、社区居委会人员架构，公开社区居委会政务清单及为民服务等的情况。进一步加强统一规划和资源整合，充分发挥现有场所和信息化资源功能，切实避免重复建设和投资浪费，逐步实现各级各类政务服务平台的连接与融合，形成上下联动、层级清晰、覆盖社区的政务服务体系。

三是搭建线下咨询服务平台。六榕街成为广州市基层立法联系点，曾参与《社工管理条例》等多部法规的立法专家座谈会，为推动科学立法、民主立法建言献策。每年定期组织人大代表意见征询会，人大代表就群众密切关注的社会治理、社区建设等问题提出中肯意见和建议，为"一府两院"决策提供依据。推动公证服务进社区，街道16个社区成为首批广州"公证进社区"试点社区，成立首批"公证服务联络站"，为街坊提供公证预约、咨询、解答等连线服务，市民可零距离享受公证服务。

三 取得成效或亮点

街道政务公开以促进阳光施政、有效预防腐败为目标，以监督行政权力、服务群众为主线，以推进行政权力运行程序化和公开透明为重点，取得三大成效。

一是行政权力公开透明运行持续加强。决策公开、执行公开、管理公开、服务公开、结果公开、财政预算公开"六公开"持续深化，2019年合计公开信息条目近1000条。通过把推行政务公开与改进机关工作作风相结合，把实事求是、与时俱进的作风贯彻到政务公开工作和各项政务工作中去，政务公开透明度持续增强。通过实行"对内＋对外""线上＋线下"的公开模式，及时有效开展政务公开，广泛接受社会各界的监督，干部依法行政和廉洁勤政的意识进一步强化，有效促进机关内部管理的制度化、科学化、规范化。

二是民生服务有效保障。对涉及居民群众切身利益的政策，如民政、计生、住房、低保等政府规章制度、街道制定的相关规范性文件及经济、社会管理和公共服务性等文件精神得到有效落地。2019年街道对外办事窗口共接待群众4.8万人次，办理办结群众事务4.3万宗，服务满意率98%。区、街、社区三级便民政务服务体系逐步完善，真正把便民服务落到实处。

三是网格化管理优势渐显成效。区级"令行禁止，有呼必应"综合指挥调度平台上线以来，街道充分发挥原有网格化服务管理系统的功能优势，新开发的"越秀先锋"政务微信平台操作更便捷、流程可视、全闭环运作，通过简单微信操作即可呼叫、响应、调度、处置，实现运转高效、基层减负、规范监督、防止内部信息泄露的目的。在疫情防控期间，街道通过推行"有呼必应"疫情防控模式，街党工委广泛发动党组织支持街道防控疫情工作，社区党委深入挖掘网格内的资源。辖内机团单位、两新组织、非公企业和热心党员群众以捐款捐物等方式，主动承担社会责任，融入社区防控一线，实现"党政有呼、组织必应"。

四　存在问题

一是现阶段的工作形式还比较单一，公开内容还不够丰富，面向群众的宣传力度还有待加大，活动形式还不够新颖，无法很好地满足新形势下人民群众日益丰富的切实诉求。二是个别工作人员工作上缺乏创造性。在加强和改进政策解读工作上，要更加注重对政策背景、决策依据、出台目的、重要举措等方面解读，把工作目标解读为群众已经实际享受的政策红利。

五　展望

政务公开工作对创新政府管理，构建以服务群众为核心的基层政务管理和服务新模式具有重大的意义。今后，街道将进一步总结经验，查找不足，不断开拓工作新思路，通过健全和完善科学、规范、高效的政务公开工作体系，实现社区管理规范化、精细化、制度化和常态化，树立起法治政府、服务政府、责任政府和廉洁政府的公共形象。

一是进一步加强制度建设，提高便民服务水平。根据越秀区政府的制度要求，结合街道工作实际，进一步完善街道政务公开相关工作制度。将街道的民政、计生、出租屋等部门信息公开与便民服务紧密结合，做到办事流程清晰，程序简洁，方便群众，努力提高便民服务的工作质量。建立健全政务舆情收集、研判、处置和回应机制，切实把回应社会关切作为履行行政职责的重要内容，不断提高回应关切能力，实现回应关切常态化。

二是进一步依托平台，提高信息公开水平。加强与区政数局的业务沟通对接，持续深入推进"越秀先锋"等政务工作平台的推广应用。

规范和完善政务公开的内容、形式，采取网上公布、印刷宣传单张，开设便民服务窗口、热线电话等多种形式主动公开政务信息、办事指南，对涉及人民群众关心的重大问题，重大决策及时公开，同时有区别地抓好对内与对外公开，提高公开针对性。

三是进一步加强民意收集，保障群众的监督权。建立"两代表一委员"常态化收集民意机制，每周二定期到社区"两代表一委员"工作室接待群众，广泛听取民声。结合"令行禁止，有呼必应"综合指挥调度平台，发挥社区网格员"千里眼""顺风耳"作用，协助收集社情民意。加强居民自治，利用好"两会一栏"平台，努力推动以人为本、多方参与、协同善治的共建共治共享社会治理格局的形成。

参考文献

（一）学术专著类

陈甦、田禾主编：《法治蓝皮书：中国法治发展报告 No.17（2019）》，社会科学文献出版社2019年版。

段尧清、汪银霞：《政府信息公开机制研究》，高等教育出版社2014年版。

后向东：《信息公开法基础理论》，中国法制出版社2017年版。

李林、田禾主编：《法治蓝皮书：中国地方法治发展报告 No.4（2018）》，社会科学文献出版社2018年版。

李林、田禾主编：《法治蓝皮书：中国法治发展报告 No.16（2018）》，社会科学文献出版社2018年版。

吕艳滨、田禾：《中国政府透明度（2009~2016）》，社会科学文献出版社2017年版。

吕艳滨：《透明政府：理念、方法与路径》，社会科学文献出版社2015年版。

吕艳滨：《信息法治：政府治理新视角》，社会科学文献出版社2009年版。

钱弘道：《法治评估及其中国应用》，人民出版社2017年版。

田禾、吕艳滨主编：《法治的尺度》，社会科学文献出版社2018年版。

田禾、吕艳滨主编：《中国政府透明度（2018）》，中国社会科学出版社2018年版。

田禾、吕艳滨主编：《中国政府透明度（2019）》，中国社会科学出版社2019年版。

田禾、吕艳滨主编:《中国政府透明度(2019):义务教育透明度报告》,中国社会科学出版社2020年版。

王敬波:《政府信息公开:国际视野与中国发展》,法律出版社2016年版。

王少辉:《迈向阳光政府:我国政府信息公开制度研究》,武汉大学出版社2010年版。

王万华:《知情权与政府信息公开制度研究》,中国政法大学出版社2013年版。

王益民:《电子政务环境下的政府信息公开》,国家行政学院出版社2016年版。

肖卫兵:《政府信息公开热点专题实证研究:针对条例修改》,中国法制出版社2017年版。

杨小军:《政府信息公开实证问题研究》,国家行政学院出版社2014年版。

姚坚:《重大行政决策过程信息公开研究》,清华大学出版社2018年版。

叶必丰等:《〈政府信息公开条例〉评估报告》,中国法制出版社2018年版。

余凌云主编:《开放政府的中国实践——〈政府信息公开条例〉实施的问题与出路》,清华大学出版社2016年版。

张明杰:《开放的政府——政府信息公开法律制度研究》,中国政法大学出版社2003年版。

赵正群等:《政府信息公开法制比较研究》,南开大学出版社2013年版。

中国社会科学院法学研究所:《中国政务公开第三方评估报告(2016)》,中国社会科学出版社2017年版。

中国社会科学院国家法治指数研究中心、中国社会科学院法学研究所法治指数创新工程项目组:《政府信息公开工作年度报告发布情况评估报告(2017)》,中国社会科学出版社2017年版。

中国社会科学院国家法治指数研究中心、中国社会科学院法学研究所法治指数创新工程项目组:《政府信息公开工作年度报告发布情况评估报告（2018）》，中国社会科学出版社2018年版。

中国社会科学院国家法治指数研究中心、中国社会科学院法学研究所法治指数创新工程项目组：《中国政务公开第三方评估报告（2017）》，中国社会科学出版社2018年版。

中国社会科学院国家法治指数研究中心、中国社会科学院法学研究所法治指数创新工程项目组：《中国政务公开第三方评估报告（2018）》，中国社会科学出版社2019年版。

中国政法大学法治政府研究院编：《法治政府蓝皮书：中国法治政府发展报告（2017）》，社会科学文献出版社2018年版。

中国政法大学法治政府研究院编：《法治政府蓝皮书：中国法治政府评估报告（2018）》，社会科学文献出版社2018年版。

周尚君：《法治定量：法治指数及其中国应用》，中国法制出版社2018年版。

朱景文主编：《中国人民大学中国法律发展报告（2018）：2015—2017年中国法治满意度评估》，中国人民大学出版社2018年版。

（二）学术论文类

董志强、魏下海、汤灿晴：《制度软环境与经济发展——基于30个大城市营商环境的经验研究》，《管理世界》2012年第4期。

高秦伟：《美国政府信息公开申请的商业利用及其应对》，《环球法律评论》2018年第4期。

胡仙芝：《历史回顾与未来展望：中国政务公开与政府治理》，《政治学研究》2008年第6期。

蒋立山：《中国法治指数设计的理论问题》，《法学家》2014年第1期。

栗燕杰：《大数据背景下的政府信息公开法律制度完善研究》，《重庆邮电大学学报》（社会科学版）2016年第6期。

吕艳滨：《网络时代政府信息公开制度的问题与应对》，《重庆邮电大学学报》（社会科学版）2016年第6期。

吕艳滨：《依申请公开制度的实施现状与完善路径——基于政府信息公开实证研究的分析》，《行政法学研究》2014年第3期。

吕艳滨：《政府信息公开制度实施状况——基于政府透明度测评的实证

分析》,《清华法学》2014 年第 3 期。

马怀德:《政府信息公开制度的发展与完善》,《中国行政管理》2018 年第 5 期。

钱弘道、杜维超:《法治评估模式辨异》,《法学研究》2015 年第 6 期。

秦小建:《政府信息公开的宪法逻辑》,《中国法学》2016 年第 3 期。

田禾:《法治指数及其研究方法》,《中国社会科学院研究生院学报》2015 年第 3 期。

田禾:《量化研究:衡量法治的尺度》,《中国应用法学》2017 年第 1 期。

王敬波:《政府信息公开中的公共利益衡量》,《中国社会科学》2014 年第 9 期。

王锡锌:《政府信息公开制度十年:迈向治理导向的公开》,《中国行政管理》2018 年第 5 期。

杨永纯、高一飞:《比较视野下的中国信息公开立法》,《法学研究》2013 年第 4 期。

余凌云:《政府信息公开的若干问题——基于 315 起案件的分析》,《中外法学》2014 年第 4 期。

张志铭、王美舒:《中国语境下的营商环境评估》,《中国应用法学》2018 年第 5 期。

郑方辉、尚虎平:《中国法治政府建设进程中的政府绩效评价》,《中国社会科学》2016 年第 1 期。

曾宇辉:《服务行政视域中的政府信息公开——基于政民关系的视角》,《政治学研究》2013 年第 3 期。

后　记

公开透明对一个基层政府意味着什么？在政府信息公开制度推行之初，不少地方可能认为这是一种负担、一种束缚，把自己活动置身于群众的监督之下，徒增负担和麻烦。但到了今天，相信更多的地方会更加积极理性地看待政务公开。因为，公开透明反映的是当地政府管理的规范化程度、政务服务的能力与水平，更是反映当地法治政府建设水平、营商环境优劣程度、社会治理能力高下的晴雨表。于是，更多的地方政府越来越积极地面对公开，乐于更加主动地推进公开，也能更加理性地面对外界对其公开水平的评价。广州市越秀区就是一个典型的代表。

越秀区是广州的中心城区，是全市行政资源、商业资源、历史文化资源、基础教育资源和医疗卫生资源最为集中的区域，被誉为"广府文化源地、千年商都核心和公共服务中心"。近年来，越秀区不断拓展和深化政务公开广度、深度，政务公开工作取得了一定的成效，在发挥政务公开促进依法行政、提升政务服务水平、优化营商环境、构建共建共治共享的社会治理格局方面发挥着越来越明显的作用。

政务公开的关键在基层。基层政府直接面对百姓，与人民群众生产生活息息相关的各项业务几乎都需要由基层政府来办理，各项政策的执行落实也都要依靠基层政府，因此，基层政务公开是否规范、有效，直接关系到人民群众对党和政府各项事业的获得感和满意度。因此，分析越秀区政务公开工作成效和面临的问题，有助于为提升基层政务公开工作的标准化、规范化程度提供参照和样本。

公开透明是法治的基础。编辑出版"透明度"丛书，是希望对各地在政务公开等领域的实践进行分析，理论联系实际，以实证方法探讨深化公权力公开透明的制度机制,研讨公开透明的要求如何在实践中落地。未来,我们还将陆续推出不同地区、不同领域推进权力运行公开透明的调研评估报告,以求共同推进全面依法治国大业。

本书的编撰出版得到中国社会科学出版社社长赵剑英先生、副总编辑王茵女士的关心和帮助,我们对此深表感谢。

编　者

2020 年 8 月